Gertrud Gummerer · Wilma Taibon

HochGenuss

Vegetarische Vollwertküche aus Südtirol

Gertrud Gummerer · Wilma Taibon

Hoch Genuss

Vegetarische Vollwertküche aus Südtirol

ISBN 978-3-89189-171-1

Umschlaggestaltung und Layout: Martin Gutjahr-Jung, Josef Mayer
Fotos: Stephan Geiger
Gesamtherstellung: Kösel, Krugzell

Zu einer gesunden Kost gehört unabdingbar,
dass sie auch gut schmeckt!

Dr. med. M. O. Bruker,
Unsere Nahrung – unser Schicksal

In der Lehrküche des Dr.-Max-Otto-Bruker-Hauses in Lahnstein: Peter Gummerer, Ilse Gutjahr-Jung, Wilma Taibon, Gertrud Gummerer, Thomas Volgger

Vorwort

Liebe Leser, Genießer und Kochfreunde,

nach einer Erhebung des Demoskopischen Instituts von Allensbach aus dem Jahr 2009 hat jeder dritte Berufstätige keine festen Essenszeiten mehr. Und jeder vierte Deutsche meint, dass er zum Essen generell zu wenig Zeit habe. Dabei würden sich 85 Prozent gern anders ernähren, doch sie kommen nicht dazu.

Der Kulturphilosoph Jean-Jacques Rousseau (1712–1778) forderte vorausschauend »Zurück zur Natur«. Heute fragen wir uns, was damals zu seiner Zeit so widernatürlich gewesen sein mag. Vielleicht in seinen Kreisen die Völlerei?

Seine Vorstellungen von einem schönen Landstrich könnte er für das schöne Südtirol geschrieben haben: » … Es muss Gießbäche haben, Felsen, Tannen, dunkle Wälder, Berge, bucklige Pfade und fürchterliche Abgründe neben mir …«.

Südtirol liegt zwischen Österreich und Italien. So wundert es nicht, dass auch in den Essgewohnheiten von beiden Seiten Einflüsse spürbar sind. Traditionelle Südtiroler Gerichte finden Sie, liebe Leser, in diesem Buch, aber auch einen Hauch vom sonnigen Süden.

Aus einfachen, natürlichen Lebensmitteln und Gewürzen zauberten die Südtirolerinnen Gertrud Gummerer und Wilma Taibon mit leichter Hand schmackhafte Gaumen- und wunderbar aussehende Augenfreuden.

Seit rund zehn Jahren bat ich Gerti immer wieder darum, doch einmal ihre Leib- und Magenspeisen zusammenzustellen, die sie für die täglichen Familienmahlzeiten bereitet, aber auch für bewährte Koch- und Backkurse, Buffets und lukullische Genüsse – auf Wunsch außer Haus gefertigt oder geliefert.

Nun ist es uns gelungen. Beide Frauen – Gertrud und Wilma – schnippelten, würzten, rührten, kochten, grillten und backten drei Tage und halbe Nächte im »Bruker-Haus« in Lahnstein, dass es eine Wonne war.

Gut gelaunt und geschickt assistierten Gertis Mann Peter und Wilmas Bruder Thomas.

Das Foto-Team und Mitarbeiter unseres Hauses waren die ersten Verkoster. Alle waren begeistert.

Die Fotos sprechen für sich. So gelungen sollten die Gerichte aussehen.

Dank an das gesamte Team und an Sie, liebe Leser. Wir wünschen Ihnen ebenso gutes Gelingen.

Ihre
Ilse Gutjahr-Jung

Tipps

Kurz & bündig

Wenn keine anderen Angaben vorliegen, gelten die Rezeptmengen für 4 Personen.
Der Bedarf richtet sich letztendlich nach dem Appetit und den Ess-Gewohnheiten.

Abkürzungen:

EL = Esslöffel
TL = Teelöffel
MS = Messerspitze
Min. = Minute

Backofentemperatur	heißt, dass die angegebene Temperatur bereits erreicht ist, wenn das Gericht eingeschoben wird.
Carpaccio	(Ausspr. »Karpatscho«) Klassische italienische Vorspeisen, die gewöhnlich aus sehr dünn geschnittenen, marinierten Zutaten hergestellt und mit Olivenöl, Essig oder einer kalten Soße serviert werden.
Dämpfen	in Dampf garen
Dünsten	in wenig Flüssigkeit garen
Frischkost	wird aus frischen (rohen) Zutaten hergestellt und möglichst bald verzehrt, bevor sie Farbe und Knackigkeit verliert.
Gemüsebrühe	frisch gemacht. Verschiedene Gemüse/Gemüsereste verwenden, zum Beispiel: Karotten, Bleichsellerie, Fenchel, Zwiebel, Sellerieknolle, Lauch, Petersilie, Lorbeerblatt, Thymian, Schnittlauch. Rote Bete und Rotkohl nicht nehmen, da sie die Brühe verfärben. Zerkleinertes Gemüse in reichlich kochendes Wasser geben. So lange köcheln lassen, bis das Gemüse weich ist. Durch ein Sieb gießen. Abkühlen lassen. Im Kühlschrank aufbewahren (nicht länger als drei Tage) oder portionsweise einfrieren.

Getreide	frisch gemahlen ist besonders wertvoll. Eine Getreidemühle sollte in keinem »gesunden« Haushalt fehlen.
Gnocchi	(Ausspr. »Njokki«) Kleine Kartoffel-Mehl-Klößchen, die in heißem Salzwasser gegart werden. Mehlige Kartoffeln mit einem hohen Stärkeanteil eignen sich hierfür besonders gut!
Käse	haben die Autorinnen in vielen Rezepten verwendet. Er kann – nach Belieben – bei den meisten Zubereitungen auch weggelassen werden. So ist jedes Rezept ein Genuss für den Noch-Gesunden, aber auch änderbar für den, der tiereiweißfrei essen möchte oder sollte.
Marinade	Dressing, Soße. Zutaten am besten mit einem Schneebesen vermengen. Wenn keine Mengen angegeben, nach Geschmack mischen.
Öl	Wir verwenden bestes Olivenöl aus 1. Pressung, ohne weitere Eingriffe in der Herstellung. Achten Sie auf kontrollierte Ware. Olivenöl ist leider mit der Bezeichnung »kaltgepresst«, »1. Pressung«, »extra vergine« u. ä. im Handel, obwohl es sich oft um minderwertige Mischöle handelt.
Peperoncino	= Chili. Kann mit und ohne Kerne verwendet werden. Klein schneiden
Pfeffer	frisch gemahlener schwarzer Pfeffer
Salat	waschen heißt, dass er nur kurz unter kaltem Wasser abgespült wird. Nicht im Wasser liegen lassen. Danach Wasser abschütteln (trockenschütteln) im Sieb oder Geschirrtuch.
Salz	Vollmeersalz. Es wird äußerst sparsam als Prise verwendet. Kein jodiertes Salz nehmen, da es Krankheiten hervorrufen kann (s. »Störungen der Schilddrüse«, emu-Verlag). Bei Verwendung von würzigem Balsamico (zu Salaten) ist Salzen entbehrlich.

Suppenwürze	Gemüse»abfälle« wie Kräuter (Schnittlauch, Dill, Petersilie, Maggikraut, Thymian, Basilikum usw.), Sellerie, Karotten, Lauch, Weißkohl, Petersilienwurzel zerkleinern und trocknen lassen In einem Mixer pulverisieren. Nach Bedarf mit Vollmeersalz versetzen = Kräutersalz
Toasten	von Brot im üblichen Toaster
Rösten/Grillen	erfolgt unter Rühren in einer trockenen Pfanne sehr kurz bei relativ hoher Hitze. Die Pinienkerne, Nüsse, Gemüse usw. sollen allenfalls goldbraun werden, aber nicht braun/dunkelbraun verfärben.
Tomatensoße	mit Tomatenstücken aus dem Glas (Naturkostladen) verwenden die Autorinnen, wenn es schnell gehen soll oder im Winter, wenn regional keine Tomaten wachsen. Es können stattdessen frische Früchte verwendet werden. Tomaten würfeln oder mixen und nach Belieben würzen.
Nudeln	als Fusilli, Penne, Spirelli, Hörnchen, kleine Makkaroni o. ä. zubereiten.
Tagliatelle	ersatzweise Spaghetti nehmen
Vollkornnudeln	also auch Spaghetti und o. g. Nudelsorten, sollten aus dem vollen Getreide hergestellt sein, nicht aus Grieß. Beim handelsüblichen Vollkorngrieß/Dinkelgrieß werden wertvolle Bestandteile des Korns ausgemahlen.
Waschen/ Putzen	von Gemüse wird nicht immer erwähnt, da es selbstverständlich ist.
Zucchini	(Ausspr. Zukieni), eine Unterart des Gartenkürbis, die vielseitig verwendet werden kann, sowohl roh für Salate, als auch für Aufläufe gebraten oder gebacken.

Wenn noch Fragen offen sind, schreiben Sie an den emu-Verlag, 56112 Lahnstein, Tel. 0 26 21/91 70 12/Fax 0 26 21/91 70 33/E-Mail: info@emu-verlag.de

Inhalt

Vorspeisen

Frischkost

Nocken, Nudeln & Co.

Kartoffelgerichte

Gemüse

Soßen

Backen macht Spaß!

Vorspeisen

Avocado-Dip

Zutaten:

2 reife Avocados
Saft einer Zitrone
100 g Sauerrahm
100 g Crème fraîche
150 g Frischkäse
1 Bund Schnittlauch in Röllchen schneiden
2 TL Senf
Kräutersalz

Zubereitung:

Avocados halbieren, schälen, entkernen. Das Fruchtfleisch mit einer Gabel zerdrücken. Zitronensaft und Sauerrahm, Crème fraîche, Frischkäse und den Schnittlauch unterrühren. Mit Senf und Salz abschmecken.

Passt zu frischem oder getoastetem Brot oder zu Pellkartoffeln.

Bärlauchpesto

Zutaten:

150 g Pinienkerne
3 Hand voll Bärlauchblätter
100 g Parmesan
150 ml Olivenöl
Vollmeersalz
1 Prise Peperoncino (Chili)

Zubereitung:

Pinienkerne ohne Fett in einer Pfanne rösten, auskühlen lassen und fein mixen.
Bärlauchblätter waschen, trockenschütteln, fein schneiden und den Pinienkernen beimischen.
Nach und nach Öl und Parmesankäse dazugeben, alles mixen, bis das Pesto schön cremig ist.
Man kann einige getrocknete zerkleinerte Tomaten dazugeben.

Tipp:

Passt zu getoastetem Brot und Nudeln.
Mit Olivenöl bedeckt (in einem Glas mit Schraubdeckel) hält sich das Pesto im Kühlschrank mehrere Wochen.
Achtung! Nach Entnahme den Rand des Glases gut säubern, damit sich dort kein Schimmel bildet.
Die Pinienkerne nur ganz kurz in der Pfanne rösten (1 – 2 Minuten) – dabei umrühren.
Sie dürfen nur goldbraun sein!

Die Entdeckung eines neuen Gerichtes macht die Menschen glücklicher als die Entdeckung eines neuen Sterns.

Anthelme Brillat-Savarin (1755 – 1826), französischer Schriftsteller, Philosoph und einer der bedeutendsten französischen »Gastrosophen«

Bruschette mit Oliven

Zutaten:

8 Scheiben Vollkornbrot (am besten Dinkel-Kastenbrot)
200 g Tomatensoße mit Stücken
250 g grüne oder schwarze Oliven
5 EL Olivenöl
Oregano
3 Knoblauchzehen
Kräutersalz
Olivenöl zum Bestreichen

Zubereitung:

Das getoastete Brot mit halbierter Knoblauchzehe einreiben und mit etwas Olivenöl bestreichen.
Die Tomatensoße und die in Ringe geschnittenen Oliven sowie das Olivenöl, Oregano, 2 gepresste Knoblauchzehen und Kräutersalz vermengen.
Auf die getoasteten Scheiben geben und servieren.

Tipp:

Statt der fertigen Tomatensoße frische Tomaten und Basilikumblätter in kleine Stücke schneiden. Nach Belieben würzen.

Champignon-Carpaccio

Zutaten:

300 g Champignons
Zitronensaft
1 Eiertomate
Olivenöl
Kräutersalz
Oregano
Parmesan in sehr dünne Scheiben hobeln

Zubereitung:

Champignons sehr fein hobeln und mit Zitronensaft beträufeln.
Die Scheiben einzeln auf einen Teller legen.
Tomaten würfeln und darübergeben.
Aus Olivenöl, Zitronensaft, Kräutersalz und Oregano eine Marinade bereiten und über die Champignons geben.
Mit sehr fein gehobeltem Parmesan servieren.

Gegrillte Champignons

Zutaten:

600 g Champignons oder frische Steinpilze
Olivenöl
Kräutersalz
Zitronensaft
5 getrocknete Tomaten in Öl

Zubereitung:

Champignons in ½ cm dicke Scheiben schneiden.
Auf beiden Seiten in einer trockenen Pfanne kurze Zeit (1 – 2 Minuten) grillen, so dass sie leicht gebräunt sind.
Auf einem Teller einzeln auflegen.
Aus Olivenöl, Kräutersalz, und Zitronensaft eine Marinade bereiten und über die Champignons träufeln.
Mit in Streifen geschnittenen, getrockneten Tomaten servieren.
Nach Belieben mit Oregano bestreuen.

Lauch mit gerösteten Pinienkernen

Zutaten:

5 Stangen Lauch
Olivenöl
Kräutersalz
etwas weißen Balsamicoessig oder Zitronensaft
60 g Pinienkerne

Zubereitung:

Lauch putzen (grobe Teile entfernen), längs halbieren und in 4 bis 5 cm lange Stücke schneiden.
Dämpfen oder in wenig Wasser bissfest garen.
Mit Öl, Kräutersalz und einem kleinen Schuss Balsamicoessig abschmecken.
Auf einer Platte die Lauchstücke flach ausbreiten und mit leicht gebräunten Pinienkernen bestreuen.

Kann lauwarm oder kalt serviert werden.

Parmigiana (Auberginenauflauf)

Zutaten:

4 mittelgroße Auberginen
2 – 3 Knoblauchzehen
Olivenöl
350 g Tomatensoße
2 EL Basilikumblätter, gehackt
Peperoncino (Chili frisch oder getrocknet)
wenig Vollmeersalz
Pfeffer
250 g Mozzarella würfeln
150 g Parmesankäse, gerieben
Butter für die Form

Zubereitung:

Auberginen längs in ½ cm dicke Scheiben schneiden.
In einer trockenen Pfanne auf beiden Seiten kurz grillen und beiseite stellen.

Tomatensoße:
Knoblauch fein hacken und in Olivenöl kurz (ca. 1 Min.) anbraten. Darf nicht braun werden.
Tomatensoße dazugeben und mit Basilikum, Peperoncino, wenig Salz und Pfeffer würzen.
Alles ca. 10 Min. köcheln lassen.
Mozzarella in Würfel schneiden, Parmesankäse fein reiben.
Eine Auflaufform mit Butter bestreichen.
Eine Schicht Auberginen hineingeben.
Mit Tomatensoße, Parmesankäse und etwas Mozzarella bedecken. Diesen Vorgang noch einmal wiederholen.
Zum Schluss mit Auberginenscheiben bedecken, Parmesankäse und Mozzarella darüberstreuen.
Bei 190 – 200 °C im vorgeheizten Backofen ca. 30 Min. überbacken. Noch etwa 10 – 20 Min. im ausgeschalteten Backofen lassen, lässt sich so besser in Portionen schneiden.
Mit einem Lauf Olivenöl servieren.

Dieses Gericht wird als Vorspeise serviert, kann aber auch zu Reis und Nudeln gereicht werden.

Was der Bauer nicht kennt,
das frisst er nicht. Würde der Städter
kennen, was er frisst, er würde
umgehend Bauer werden.

*Oliver Hassencamp (1921–1988),
Schriftsteller*

Intermezzo – Partyhäppchen

Zutaten:

8 Scheiben Dinkel-Vollkornbrot
300 g gegrilltes Gemüse (Auberginen, Zucchini und Paprika)
5 EL Kapern
10 getrocknete Tomaten in Öl
10 EL Olivenöl
Basilikum oder Thymian
Oregano
1 Knoblauchzehe nach Belieben

Zubereitung:

Auberginen, Paprika und Zucchini der Länge nach in dünne Scheiben schneiden.
In einer trockenen Pfanne bei hoher Hitze 1–2 Minuten grillen, so dass sie ganz leicht gebräunt sind.
Das gegrillte Gemüse und die Tomaten in Würfel oder Streifen schneiden und die Kapern ganz dazugeben.
Mit Öl und den Gewürzen abschmecken.
Das Brot kurz toasten, das Gemüse darauf verteilen und servieren.

Tipp:

Nach Belieben gepressten Knoblauch zum Gemüse geben oder das getoastete Brot mit halbierter Knoblauchzehe einreiben.
Anstelle von Tomaten können auch Artischockenherzen verwendet werden.

Zucchini-Carpaccio

Zutaten:

4 mittlere Zucchini
80 g Pinienkerne
60 g Parmesan
10 Cocktailtomaten
5 Basilikumblätter
Olivenöl
Kräutersalz
etwas Zitronensaft
1 Knoblauchzehe

Zubereitung:

Zucchini halbieren, der Länge nach in dünne Scheiben schneiden und in der trockenen Pfanne kurz grillen (1 – 2 Minuten).
Pinienkerne ebenfalls in einer trockenen Pfanne rösten, nicht zu dunkel, sondern goldbraun.
Parmesan ganz fein hobeln.
Cocktailtomaten würfelig schneiden.
Zucchini auf einem Teller ausbreiten.
Aus Olivenöl, Kräutersalz, Zitronensaft und gehackter Knoblauchzehe eine Marinade zubereiten und über die Zucchini geben.
Mit Tomaten, Pinienkernen, geschnittenen Basilikumblättern und fein gehobeltem Parmesan bestreuen.

Frischkost

Avocado-Salat

Zutaten:

1 rote Paprika
1 gelbe Paprika
2 Avocados
100 g frische Champignons
1 TL Thymian, getrocknet oder frisch
1 Knoblauchzehe
Zitronensaft
Olivenöl
Kräutersalz

Zubereitung:

Paprika vierteln, entkernen, in schmale Streifen schneiden und auf einem großen Teller dekorativ anrichten.
Avocados halbieren, schälen, den Kern herauslösen, das Fruchtfleisch in Scheiben schneiden, sofort mit Zitronensaft beträufeln und zu den Paprikastreifen geben.
Die geputzten Pilze in feine Scheiben schneiden und ebenfalls auf dem Teller anrichten.
Für die Marinade die gezupften Thymianblätter mit dem kleingehackten Knoblauch und den restlichen Zutaten vermischen und über das Gemüse gießen.

Dazu passt Frischkäse oder Mozzarella mit Vollkornbrot als kleine Vorspeise oder Imbiss.

Bohnen mit Lauch

Zutaten:

600 g weiße Bohnen
50 g Lauch
Apfelessig
Kräutersalz
2 Knoblauchzehen
Olivenöl

Zubereitung:

Bohnen in ca. 2 Liter Wasser über Nacht einweichen. Danach 50 Minuten weich kochen, abseihen und auskühlen lassen.
Lauch putzen, in schmale Streifen schneiden und zu den Bohnen geben.
Aus Essig, Kräutersalz, gepresstem Knoblauch und Olivenöl eine Marinade herstellen und unter die Bohnen mischen. Etwas ziehen lassen.

Variation:

Anstelle des Lauchs 1 rote oder weiße Zwiebel.
Anstelle vom Knoblauch Schnittlauchröllchen verwenden.

Tipp:

Schnittlauch bündeln und mit einem scharfen Messer kleine Röllchen (von 2–3 mm) schneiden.

Endivien mit Schafskäse

Zutaten:

200 g Feta (Schafskäse) oder Emmentaler
60 g rote Paprika
200 g Endiviensalat oder Friséesalat
Olivenöl
etwas weißen Balsamicoessig
Kräutersalz
150 g schwarze, entsteinte Oliven
100 g grob gehackte Walnüsse
5 Stück Artischockenherzen in größere Stücke schneiden

Zubereitung:

Schafskäse würfeln.
Paprika in Streifen schneiden.
Salat putzen, waschen, trockenschütteln und in 1 cm breite Streifen schneiden.
Aus Olivenöl, Balsamicoessig und Kräutersalz eine Marinade zubereiten und mit dem Salat vermengen.
Zum Schluss Käse, Artischocken, Walnüsse und die in Scheiben geschnittenen Oliven leicht unterheben.

Feldsalat mit Ananas

Zutaten:

150 g Feldsalat
200 g Ananas
Olivenöl
Kräutersalz
Balsamicoessig, weiß
100 g gehackte Walnüsse

Zubereitung:

Feldsalat waschen und anschließend trockenschütteln.
Ananas in kleine Würfel schneiden und unter den Feldsalat mischen.
Aus Olivenöl, weißem Balsamicoessig und Kräutersalz eine Marinade zubereiten und mit dem Salat vermengen.
Die gehackten Walnüsse über den Salat streuen und leicht unterheben.

Dieser Salat sollte sofort serviert werden, sonst verliert er an Frische!

Feldsalat mit Sellerie und Haselnüssen

Zutaten:

200 g Sellerieknolle
150 g Feldsalat
100 g Haselnüsse
150 g Datteln
200 g Sauerrahm
Zitronensaft
Olivenöl
Kräutersalz

Zubereitung:

Sellerieknolle putzen und in kleine Stifte hobeln.
Feldsalat waschen und trockenschütteln.
Haselnüsse grob hacken und Datteln in Streifen schneiden.
Sauerrahm mit Zitronensaft, Olivenöl und Kräutersalz verrühren.
Sellerie mit der Soße mischen und kurz ziehen lassen.
Anschließend die Datteln und den Feldsalat leicht unterheben.
Mit gehackten Nüssen bestreuen und frisch auf den Tisch bringen.

Herbstsalat

Zutaten:

300 g bunte Salatblätter (Eichblattsalat, Radicchio, Lollo Rosso)
1 kleine Birne
50 g geröstete Walnusskerne, grob zerkleinern
Balsamicoessig, weiß
Kräutersalz
Olivenöl
100 g gehobelter Parmesan

Zubereitung:

Salat waschen, trockenschütteln und in kleine Stücke reißen.
Birne in kleine Würfel schneiden und mit den Walnusskernen zum Salat geben.
Aus Essig, Kräutersalz und Öl eine Marinade bereiten und dazugeben.
Parmesan feinblättrig hobeln und vor dem Servieren unter den Salat heben oder dazu reichen.

Tipp:

Walnusskerne in heißer, trockener Pfanne 1 – 2 Min. hell anbräunen.

Karotten mit Thymian

Zutaten:

300 g Karotten
1 – 2 TL Thymian, getrocknet oder frisch
60 g geröstete Walnüsse
Kräutersalz
Zitronensaft
Olivenöl

Zubereitung:

Karotten waschen und mittelgrob raspeln. Aus Salz, Zitronensaft und Olivenöl eine Marinade bereiten, mit Thymian und Walnüssen unter die Karotten mischen.

Tipp:

Getrocknete Kräuter (z. B. Thymian) zwischen warmen Händen zerreiben. Das Aroma wird dadurch besser freigesetzt.
Anstelle von Thymian 50 g fein geriebenen Meerrettich unterheben.

Linsensprossen mit Spinat

Zutaten:

250 g junge Spinatblätter
1 kleine rote Zwiebel
200 g Linsensprossen (70 g Tellerlinsen ergeben 200 g Linsensprossen)
Obstessig
1 TL Senf
Vollmeersalz
Pfeffer
Olivenöl

Zubereitung:

Spinatblätter waschen und trockenschütteln. Zwiebel längs halbieren und in schmale Streifen schneiden.
Spinat und Zwiebel mit den Linsensprossen vermischen.
Aus Obstessig, Senf, Salz, Pfeffer und Olivenöl eine Marinade bereiten und unter den Salat geben.

Mittelmeertraum

Zutaten:

250 g Kopfsalat
1 Gurke
2–3 Eiertomaten
1 rote Zwiebel
200 g schwarze Oliven
Vollmeersalz
Oregano
Weinessig
Olivenöl
200 g griechischer Schafskäse

Zubereitung:

Salat putzen, waschen, trockenschütteln und in mundgerechte Stücke reißen.
Gurken würfelig schneiden.
Tomaten in Spalten schneiden.
Zwiebel sowie Oliven in Ringe schneiden.
Salz, Oregano, Essig und Olivenöl gut vermischen.
Die Marinade leicht unter den Salat heben.
Den Käse in Würfel schneiden und darauf verteilen.

Paprika-Champignons

Zutaten:

250 g rote Paprika
1 kleine Zwiebel, rot oder weiß
150 g Champignons
100 g Feta (Schafskäse) würfeln
Olivenöl
Balsamicoessig
1 Knoblauchzehe
1 MS Cayennepfeffer
Kräutersalz

Für die Dekoration: ca. 5 Salatblätter von einem kleinen Kopfsalat

Zubereitung:

Paprika und Zwiebel in Streifen schneiden. Champignons mit einem Tuch oder Pilzbürste putzen und in feine Scheiben schneiden.
Aus Öl, Essig, gehacktem Knoblauch und Gewürzen eine Marinade zubereiten und Gemüse damit übergießen.
Salatblätter auf einen Teller geben, den Paprika-Champignon-Salat darauf anrichten und mit Feta bestreuen.

Radicchio-Variation

Zutaten:

1 kleine Orange
100 g Radicchio
100 g Endivie oder Zuckerhut
½ Becher Sauerrahm
Olivenöl
Vollmeersalz
80 g gestiftelte Mandeln

Zubereitung:

Orange in Würfel, Radicchio und Endivie in Streifen schneiden.
Aus Sauerrahm, Olivenöl und Salz eine Marinade zubereiten, mit dem Salat vermischen.
Mit gestiftelten Mandeln bestreuen.

Radicchio mit gerösteten Zwiebelringen

Zutaten:

350 g Radicchio
150 g Zwiebeln in Ringe schneiden
Balsamicoessig
Kräutersalz
Olivenöl
50 g Pinienkerne, geröstet

Zubereitung:

Radicchio putzen, waschen, trockenschütteln und in Streifen schneiden.
Zwiebelringe in einer trockenen Pfanne hellbraun anbraten, mit Balsamicoessig ablöschen, etwas dünsten, bis Flüssigkeit aufgesogen ist und danach abkühlen lassen.
Aus Essig, Kräutersalz und Olivenöl eine Marinade herstellen und mit den Zwiebelringen unter den Salat geben.
Geröstete Pinienkerne zuletzt unterheben.

Tipp

Pinienkerne in heißer, trockener Pfanne 1 – 2 Min. hell anbräunen.

Danke an Sonja Sagmeister für dieses Rezept.

Rettich-Carpaccio

Zutaten:

200 g schwarzer Rettich
Zitronensaft
Olivenöl
Kräutersalz
Parmesan, fein hobeln
Petersilie, fein hacken

Zubereitung:

Rettich waschen, bürsten und in hauchdünne Scheiben hobeln.
Auf einem Teller ausbreiten und mit Zitronensaft, Olivenöl, Kräutersalz abschmecken.
Den fein gehobelten Parmesan und die gehackte Petersilie darüberstreuen.

Rettich mit Tomaten

Zutaten:

200 g Rettich, weiß oder schwarz
2 Tomaten, mittelgroß
½ rote Zwiebel fein würfeln
Kräutersalz
Olivenöl

Zubereitung:

Rettich mittelfein raspeln.
Tomaten grob würfeln.
Zwiebel in feine Würfel schneiden. Alles miteinander vermischen.
Kräutersalz, Olivenöl dazugeben und etwas ziehen lassen.

Rote Bete mit Apfel

Zutaten:

300 g Rote Bete
150 g Apfel
Zitronensaft
etwas frisch geriebenen Ingwer
Olivenöl
Kräutersalz

Zubereitung:

Rote Bete fein raffeln (nicht reiben, da sie dann zu breiig wird).
Äpfel in kleine Würfel schneiden.
Aus Zitronensaft, Ingwer und Olivenöl eine Marinade zubereiten, nach Belieben schwach salzen und über die Rote Bete geben.
Kurz ziehen lassen.

Selleriefrischkost

Zutaten:

300 g Sellerieknolle
150 g Apfel
350 g Ananas
100 g Walnüsse
1 kleiner Kopfsalat
Olivenöl
Zitronensaft
100 ml süße Sahne
Kräutersalz
Petersilie fein hacken

Zubereitung

Sellerieknolle putzen und in kleine Stifte hobeln.
Apfel und Ananas würfelig schneiden.
Walnüsse grob hacken.
Alles miteinander vermengen.
Aus Olivenöl, Zitronensaft, Sahne und einer Spur Salz eine Marinade zubereiten und über die zubereitete Frischkost geben.
Die Kopfsalatblätter auf Tellern ausbreiten.
Die zubereitete Selleriefrischkost daraufgeben, mit gehackten Walnüssen und gehackter Petersilie garnieren.

Sommersalat

Zutaten:

250 g Mozzarella
200 g Eiertomaten
100 g Feldsalat
Balsamicoessig
Olivenöl
Kräutersalz
1 kl. Bund Basilikum fein schneiden
5 EL Kapern
100 g geröstete Pinienkerne

Zubereitung:

Mozzarella und Tomaten in Würfel schneiden.
Feldsalat waschen und trockenschütteln.
Aus Balsamicoessig, Olivenöl, Kräutersalz und Basilikum eine Marinade machen und unter die Frischkost geben.
Gewürfelte Mozzarella, Kapern und Pinienkerne leicht unter den Salat heben und sofort servieren.

Tipp:

Pinienkerne in heißer, trockener Pfanne 1–2 Minuten unter Umwenden goldbraun rösten.

Spinatfrischkost

Zutaten:

200 g junger Spinat
1 kleine Zwiebel, rot oder weiß
150 g getrocknete Tomaten
Olivenöl
Balsamicoessig
Kräutersalz
100 g geröstete Pinienkerne

Zubereitung:

Spinat waschen, trockenschütteln und zerkleinern (reißen).
Zwiebel in Ringe schneiden und dem Spinat beimengen.
Die getrockneten Tomaten in kleine Stücke schneiden und untermischen.
Aus Olivenöl, Essig und Kräutersalz eine Marinade zubereiten und unter die Frischkost geben.
Anschließend mit Pinienkernen bestreuen.

Sofort servieren, da der Spinat sonst zusammenfällt.

Weißkrautsalat

Zutaten:

250 g Weißkraut
Olivenöl
Essig
Kräutersalz
60 g geröstete Sonnenblumenkerne

Zubereitung:

Den Weißkrautkopf fein hobeln.
Aus Olivenöl, Essig und Salz eine Marinade zubereiten und unter das Weißkraut mischen. Kurz ziehen lassen.
Zuletzt die gerösteten Sonnenblumenkerne darüberstreuen.

Tipp:

Wie bei den Pinienkernen verfahren.
In einer trockenen Pfanne die Sonnenblumenkerne bei relativ hoher Hitze 1 – 2 Minuten goldbraun rösten.

Wildkräutersalat

Zutaten:

300 g gemischte Wildkräuter (Löwenzahn, Brunnenkresse, Rauke, einige Borretschblüten)
2–3 Frühlingszwiebeln
50 g Ziegenkäse
50 g geröstete Pinienkerne
Balsamicoessig
Kräutersalz
Olivenöl

Zubereitung:

Wildkräuter waschen und trockenschütteln.
Frühlingszwiebeln in Ringe schneiden und dazugeben.
Essig, Kräutersalz und Olivenöl zu einer Marinade verrühren und unter den Salat geben.
Zum Schluss den gewürfelten Ziegenkäse und die Pinienkerne unterheben.

Alle Lebewesen außer den
Menschen wissen, dass der
Hauptzweck des Lebens
darin besteht, es zu genießen.

Samuel Butler (1835–1902),
englischer Schriftsteller, Philosoph und Essayist

Zucchini mit Mozzarella und Oliven

Zutaten:

500 g Zucchini
100 g entsteinte, schwarze Oliven
100 g Mozzarella
1 Bund Rauke
Saft einer Zitrone
Olivenöl
Kräutersalz

Zubereitung:

Zucchini würfelig schneiden, sehr kurz (1 Minute) in Salzwasser blanchieren, abseihen und abkühlen lassen.
Oliven in Ringe schneiden, Mozzarella würfeln und den Zucchinis beimengen.
Aus Zitronensaft, Olivenöl und Kräutersalz eine Marinade zubereiten und über den Salat gießen.
Rauke zupfen, leicht unterheben und sofort servieren.

Zucchini-Tomaten

Zutaten:

350 g Zucchini
2 Scheiben Dinkelvollkornbrot
300 g Eiertomaten
1 EL Butter
1 Bund Petersilie
1 Bund Basilikum
Balsamicoessig
Kräutersalz
2 Knoblauchzehen
Olivenöl

Zubereitung:

Zucchini in Stifte hobeln (nicht zu klein) und sofort salzen, damit das Wasser abläuft.
Ca. 1 Stunde stehen lassen.
Das gewürfelte Vollkornbrot in der Butter kurz rösten, auskühlen lassen.
Tomaten würfelig schneiden.
Petersilie und Basilikum fein schneiden.
Aus Balsamicoessig, Salz, Olivenöl und gehacktem Knoblauch eine Marinade zubereiten und über die Zucchini gießen.
Alle anderen Zutaten, zum Schluss die Brotwürfel, unterheben und sofort servieren.

Danke an Sonja Sagmeister für dieses Rezept.

Nocken, Nudeln & Co.

Artischocken-Quiche

Zutaten:

300 g Dinkel fein mahlen
25 g Hefe
½ TL Vollmeersalz
3 EL Olivenöl
150 – 200 ml lauwarmes Wasser

Belag:

300 g Artischockenherzen
200 g Zucchini
2 Eier
200 g Sauerrahm
200 g Ricotta
Kräutersalz
1 EL Olivenöl

Zubereitung:

Hefe in etwas Wasser auflösen, nach und nach restliches Wasser sowie Öl und Salz zum Mehl geben und alles zu einem geschmeidigen Teig kneten.
Zugedeckt ca. 1 Stunde gehen lassen.
Artischockenherzen vierteln.
Zucchini in Würfel schneiden und 1 – 2 Minuten in Öl dünsten. Das Öl darf nicht zu heiß sein!
Eier, Sauerrahm, Ricotta und Kräutersalz gut vermischen.
Artischocken und die abgekühlten Zucchini unter die Ei-Käse-Masse heben.
Den Teig ausrollen, auf ein geöltes Blech geben.
Die Ei-Gemüsemasse darauf verteilen und im Backrohr bei 200 °C 20 – 30 Minuten backen.

Tipp:

Dazu passen würfelig geschnittene Tomaten in geschmolzener Butter.
Butter nur leicht zerlassen, nicht bräunen; mit etwas Kräutersalz, Basilikum oder Oregano würzen.

Bärlauchspätzle mit zerlassener Mandelbutter oder Kräutersoße

Zutaten:

200 g Dinkel fein mahlen
200 g Weizen fein mahlen
3 Eier
200 ml Wasser
150 g Bärlauch
Vollmeersalz

Mandelbutter:
Zerlassene Butter und gestiftelte oder halbierte Mandeln

Zubereitung:

Das Vollkornmehl, Eier, Wasser und Salz vermengen.
Bärlauch waschen, trockenschütteln, besonders fein hacken und unter den Teig mischen.
20 Minuten quellen lassen.
Den Teig durch ein Spätzlesieb portionsweise in das siedende, leicht gesalzene Wasser drücken.
Sobald die Spätzle hochkommen, mit einem Sieb herausnehmen.
Die Spätzle mit der zerlassenen Mandelbutter servieren.

Dazu schmeckt sehr gut eine Kräuter-Sahne-Soße (siehe Seite 175).

Variation:

Anstelle von Bärlauch auch Spinat verwenden.

Buchweizenknödel

Zutaten:

300 g Weizenvollkornbrot
1 Tasse Wasser (knapp bemessen)
150 g Lauch
1 Knoblauchzehe fein hacken
80 g Butter
2 Eier
180 g Buchweizen mittelgrob schroten
2 EL Petersilie, fein gehackt
Vollmeersalz
150 g Gorgonzolakäse oder Bergkäse

Zubereitung:

Das Brot in Würfel schneiden und 30 Minuten mit dem Wasser einweichen.
Lauch in kleine Würfel schneiden, mit dem Knoblauch in der Butter dünsten und zum Brot geben.
Eier, Petersilie, Buchweizenschrot und Salz zum Brot geben und alles gut vermengen.
Nach Bedarf noch Wasser zufügen. Der Teig muss formbar sein.
Die Knödelmasse 30 Minuten rasten lassen.
Knödel rund formen (5 – 6 cm Durchmesser), und in die Mitte des Knödels ein Stück Gorgonzola setzen.
Die Knödel nun in siedendem Salzwasser halb zugedeckt 10 – 15 Minuten ziehen lassen.
Sie dürfen auf keinen Fall kochen, sonst zerfallen sie.
Mit einer Schaumkelle herausnehmen.

Die Knödel können in einer Gemüsebrühe, mit Krautsalat oder Sauerkraut serviert werden.

Tipp:

Vom Lauch die zarten, helleren Teile nehmen. Die groben, harten Blätter entfernen. Sie können (kühl aufbewahrt) für Suppen und Eintöpfe oder getrocknet für Kräutersalz und Suppenwürze Verwendung finden.

Dinkel-Salat

Zutaten:

250 g Dinkel
600 ml Wasser
100 g Champignons
100 g Selleriestangen
100 g rote Paprika
100 g Walnüsse
1 Zitrone
Kräutersalz
Olivenöl
Petersilie

Zubereitung:

Dinkel 12 Stunden mit dem Wasser einweichen.
Danach mit dem verbliebenen Einweichwasser zum Kochen bringen und ca. 35 Minuten leicht köcheln.
10 Minuten quellen und auskühlen lassen.
Jetzt erst salzen.
Champignons mit Tuch oder Pilzbürste putzen und in dünne Scheiben schneiden.
Selleriestangen sowie Paprika in kleine Würfel schneiden und die Walnüsse grob hacken.
Alles in einer Schüssel vermischen.
Aus Zitronensaft, Kräutersalz und Öl eine Marinade zubereiten und unter den Dinkelsalat geben.
Mit Petersilie garnieren.
Etwa eine halbe Stunde ziehen lassen.

Fusilli mit Paprika und Auberginen

Zutaten:

400 g Fusilli oder Hörnchen
1 Zwiebel
200 g gelbe Paprika
500 g Tomatensoße mit Stücken
Vollmeersalz
Pfeffer
Peperoncino (= Chili frisch oder getrocknet)
1 TL Suppenwürze s. S. 9
100 g Aubergine
50 g Pinienkerne
Petersilie
einige Blätter Basilikum
Pecorinokäse, gerieben
Olivenöl

Zubereitung:

Zwiebel fein hacken und in mäßig heißem Olivenöl kurz anbraten. Nicht braun werden lassen!
Paprika würfelig schneiden und mit der Tomatensoße zur Zwiebel geben.
Salz, Pfeffer, Peperoncino und Suppenwürze dazugeben, ca. 10 – 20 Minuten köcheln lassen.
Aubergine in Würfel schneiden, in etwas Olivenöl ca. 2 – 3 Minuten leicht anbraten und zur Tomatensoße geben.
Pinienkerne in einer trockenen Pfanne rösten.
Nudeln in reichlich Salzwasser bissfest garen, abseihen und mit der Soße mischen. Die Pinienkerne, gehackte Petersilie und Basilikumblätter zum Schluss unterheben. Auf Tellern anrichten, mit etwas geriebenem Pecorinokäse und Olivenöl servieren

Tipp:

Anstelle der Tomatensoße klein geschnittene Tomaten nehmen.

Gemüsepuffer

Zutaten:

100 g Zwiebel
1 Knoblauchzehe
300 g rohe, geraspelte Kartoffeln
(mit Schale)
150 g Gemüse (Karotten, Zucchini, Paprika, Sellerie)
75 g Dinkel fein mahlen
60 g Haferschrot
15 g geröstete Sesamkerne
Kräutersalz
Olivenöl zum Braten
Basilikum
Oregano
4 Tomaten
Butter

Zubereitung:

Zwiebel und Knoblauch fein hacken in mäßig heißem Öl kurz andünsten (nicht bräunen!) und abkühlen lassen.
Kartoffeln und Gemüse fein raspeln, mit den restlichen Zutaten dazugeben, gut vermischen und würzen.
Aus der Masse kleine Puffer formen und in mäßig heißem Öl auf beiden Seiten goldgelb braten.
Mit in geschmolzener Butter geschwenkten Tomatenwürfeln, fein geschnittenem Basilikum und Oregano servieren.

Variation:

Anstelle der Tomaten mit einer Käsesoße servieren.

Hafer-Salat

Zutaten:

200 g Hafer
500 ml Wasser
2 Avocados
1 Zitrone
10 Kirschmozzarella vierteln
12 Kirschtomaten vierteln
Olivenöl
Kräutersalz
3 EL Senf
Balsamicoessig
Oregano

Zubereitung:

Hafer mit dem Wasser zum Kochen bringen und ca. 45 Minuten leicht köcheln lassen. Zum Schluss salzen, 10 Minuten quellen und auskühlen lassen.
Avocados schälen, den Kern entfernen, in Würfel schneiden und mit Zitronensaft beträufeln.
In einer Salatschüssel Hafer, Avocados, Tomatenviertel und Mozzarellastücke mischen.
Aus Olivenöl, Kräutersalz, Senf und Balsamicoessig eine Marinade zubereiten und über die Zutaten geben. Leicht unterheben, mit Oregano bestreuen und kurz ziehen lassen.

Kastanien-Lauch-Quiche

Zutaten Teig:

300 g Dinkel fein mahlen
25 g Hefe
150 – 200 ml Wasser
½ TL Vollmeersalz
3 EL Olivenöl

Zutaten Belag:

200 g Lauch
1 EL Olivenöl
1 Prise Vollmeersalz
300 g Kastanien
2 Eier
200 g Sauerrahm
150 g Crème fraîche oder Schmand
2 EL Parmesan, gerieben
Kräutersalz

Zubereitung Teig:

Hefe in etwas Wasser auflösen, nach und nach mit dem Restwasser sowie Salz und Öl zum Mehl geben und zu einem geschmeidigen Teig kneten.
Zugedeckt ca. 30 Minuten gehen lassen.

Zubereitung Belag:

Lauch putzen, in feine Streifen schneiden, in Öl kurz andünsten, mit Salz abschmecken und abkühlen lassen.
Kastanien kochen, schälen, grob zerbröseln und zum Lauch geben.
Eier, Sauerrahm, Crème fraîche, Parmesan und Kräutersalz mit der Kastanien-Lauch-Masse vermischen.
Teig ausrollen, auf ein geöltes Blech legen. Kastanien-Lauch-Masse darauf verteilen und im vorgeheizten Backofen bei 200 °C 20 – 30 Minuten backen.

Kastanien-Variationen

Zutaten:

ca. 1 kg Kastanien

Zubereitung:

Kastanien einschneiden, auf einem Holzherd oder in einer Kastanienpfanne mit Löchern ca. 20 – 30 Minuten braten.
Immer wieder umrühren.
Oder Kastanien einschneiden und im Freien in einem Brotbackofen direkt auf die Backfläche geben und wie oben braten.
Oder Kastanien einschneiden, auf ein mit Wasser befeuchtetes Backblech geben und im vorgeheizten Backofen bei 220 °C 20 – 30 Min. braten.
Oder in reichlich Wasser ohne Einschneiden ca. 30 Min. kochen.
Kastanien werden mit Butter gegessen.

Das gemeinschaftliche Essen
ist eine sinnbildliche Handlung
der Vereinigung.

Novalis (1772 –1801),
Dichter

Kichererbsen-Pasta

Zutaten:

150 g Kichererbsen
600 ml Wasser
1 kleine Zwiebel
50 – 100 g Bleichsellerie (Stangensellerie)
½ rote oder gelbe Paprika
350 g Tomatensoße mit Stücken oder frische Tomaten, gewürfelt
200 – 300 g kleine Makkaroni
Vollmeersalz
Olivenöl

Zubereitung:

Kichererbsen in 600 ml Wasser 48 Stunden einweichen, danach mit dem restlichen Einweichwasser kochen, bis sie weich sind (ca. 20 Minuten).
Zwiebel fein hacken und in Öl kurz anbraten.
Bleichsellerie putzen, waschen und in Ringe schneiden.
Paprika in Würfel schneiden und einige Minuten dünsten.
Tomatensoße dazugeben und alles 10 Minuten köcheln.
Nudeln in reichlich Salzwasser bissfest garen, abseihen, jedoch etwas Nudelwasser im Topf zurückbehalten.
Die Soße mit den Kichererbsen unter die Nudeln mischen und einige Minuten ziehen lassen.
Auf Tellern anrichten und etwas Olivenöl darübergeben.

Kichererbsen mit Spinat und Avocado

Zutaten:

200 g Kichererbsen
800 ml Wasser
250 g junge Spinatblätter
1 reife Avocado
2 Tomaten
Apfelessig
Kräutersalz
1 EL Senf
Olivenöl

Zubereitung:

Kichererbsen in 800 ml Wasser 48 Stunden einweichen, danach mit dem restlichen Einweichwasser 15–20 Minuten weichkochen, abseihen und auskühlen lassen.
Spinat waschen und trockenschütteln, eventuell – je nach Blattgröße – in kleine Stücke schneiden oder reißen.
Avocado schälen, entkernen, in Würfel schneiden und mit den Kichererbsen zum Spinat geben.
Tomaten achteln und ebenfalls dazugeben.
Aus Essig, Kräutersalz, Senf und Öl eine Marinade herstellen und unter die Salatmischung heben.

Tipp:

Avocadostücke mit Zitronensaft beträufeln, damit sie sich nicht dunkel verfärben.

Kürbis-Gnocchi

Zutaten:

500 g Kürbis
100 ml Gemüsebrühe (knapp bemessen)
150 g Dinkel fein mahlen
1 Ei
150 g Parmesan reiben
1 Prise Muskat
½ TL Majoran
Vollmeersalz
Salbei oder Rosmarin
Butter

Zubereitung:

Kürbis putzen, entkernen, in Stücke schneiden. In der Gemüsebrühe ca. 15 Min. weich kochen.
Kürbisstücke herausnehmen, abtropfen lassen, fein mixen und mit dem Mehl, Ei, Parmesan, Muskat, Majoran, Salz zu einem Teig vermischen und 10 Min. stehen lassen.
Leicht gesalzenes Wasser zum Kochen bringen.
Mit zwei Teelöffeln Gnocchi abstechen, formen, ins siedende Wasser geben und bei schwacher Hitze etwa 5 Minuten ziehen lassen.
Mit einer Schaumkelle herausnehmen und mit Salbei- oder Rosmarinbutter oder nur mit zerlassener Butter servieren.

Tipp:

Salbei sehr fein schneiden, damit das Aroma gut herauskommt.
Es genügen 6–8 Blätter. Nach Belieben können mehr verwendet werden.

Lasagne mit Kürbis

Zutaten Nudelteig:

200 g Hartweizen fein mahlen
Vollmeersalz
1 EL Olivenöl
100 ml lauwarmes Wasser

Zutaten Gemüse:

800 g Kürbis
2 Knoblauchzehen
10 getrocknete Tomaten in Öl
350 ml Gemüsebrühe (s. S. 9)
Vollmeersalz
Pfeffer
Olivenöl
100 g Parmesan

Zutaten Bechamelsoße:

500 ml Wasser
200 ml Sahne
100 g Vollkornreis fein mahlen
Vollmeersalz
Muskatnuss gerieben

Zubereitung Teig:

Alle Zutaten zu einem geschmeidigen Teig kneten und ½ Stunde zugedeckt rasten lassen.
Danach dünn ausrollen und rechteckige Lasagneblätter von ca. 12 x 8 cm schneiden.

Zubereitung Gemüse:

Kürbis putzen, entkernen und grob würfeln. Knoblauch fein hacken, Tomaten grob zerkleinern.
Alles in Öl kurz anbraten, mit Gemüsebrühe ablöschen und 5 Minuten dünsten.

Zubereitung Soße:

Wasser und Sahne mischen, Reismehl mit dem Schneebesen einrühren, Salz und Muskat dazugeben. Unter Rühren aufkochen, vom Feuer nehmen und 10 Minuten quellen lassen.

Fertigstellung:

Nun schichtweise Bechamelsoße, Gemüse und Lasagneblätter in eine Auflaufform füllen.
Mit Gemüse und Bechamelsoße abschließen.
Geriebenen Parmesankäse und Butterflöckchen darüberstreuen.
Bei 180 – 200 °C ca. 30 – 35 Minuten backen.
Noch ca. 20 Minuten in ausgeschaltetem Backrohr belassen (lässt sich dann besser in Portionen schneiden).

Lasagne mit Tomaten und Mozzarella

(für 4 – 6 Personen)

Zutaten für den Teig:

300 g Hartweizen fein mahlen
3 EL Olivenöl
ca. 150 ml Wasser
Vollmeersalz

Zutaten für die Tomatenfüllung:

1 kg Tomaten
400 g Mozzarella würfelig schneiden
1 Bund Basilikum klein schneiden
4 EL Olivenöl
Vollmeersalz

Zutaten für die Ricottafüllung:

300 g Ricotta
100 ml Sahne
100 g Parmesan reiben

Zubereitung Teig:

Alle Zutaten zu einem Teig kneten und 30 Minuten ruhen lassen.
Danach dünn ausrollen und rechteckige Lasagneblätter schneiden (ca. 12 x 8 cm).
Die Blätter in Salzwasser 2 Minuten köcheln, in kaltem Wasser abschrecken, danach auf einem feuchten Tuch ausbreiten.

Zubereitung Füllung:

1 kg Tomaten klein würfeln (davon 200 g beiseite stellen).
Mit Mozzarella, Basilikum und Öl vermischen und salzen.
Ricotta mit Sahne und 60 g Parmesan vermischen und salzen.

Fertigstellung:

Eine gefettete Lasagneform mit Teigblättern auslegen. Die Hälfte der Tomatenfüllung darauf verteilen, mit Teigblättern bedecken und die Hälfte der Ricottafüllung darauf verteilen. Den Vorgang wiederholen.
Zum Schluss mit den restlichen Tomatenwürfeln und geriebenem Parmesan bestreuen.
Im Backofen bei 200 °C ca. 30 Minuten überbacken.
Noch ca. 20 Minuten im ausgeschalteten Backrohr belassen (lässt sich dann besser in Portionen schneiden)

Minestrone

Zutaten:

200 g kleine Maccheroni (Makkaroni)
200 g Borlotti-Bohnen (braune Bohnenkerne)
2 l Wasser
200 g Kürbis
1 Karotte, groß
200 g Kartoffeln
200 g Zucchini
100 g Stangensellerie
100 g Erbsen, frisch oder tiefgefroren
80 g Tomatensoße mit Stücken oder
1 große reife Tomate würfeln
½ Zwiebel
1 Knoblauchzehe
1 Bund Petersilie
½ Glas Olivenöl, ca. 60 – 80 ml
Vollmeersalz
Pfeffer
Rosmarin
Parmesan

Zubereitung:

Bohnen über Nacht in 2 l Wasser einweichen.
Bohnen mit dem verbliebenen Wasser ca. 50 Minuten weich kochen.
Kürbis, Karotten, Kartoffeln, Zucchini, Stangensellerie würfelig schneiden, mit den Erbsen, der Tomatensoße und dem Öl zu den Bohnen geben.
Mit Salz und Pfeffer würzen, so lange kochen, bis das Gemüse gar ist.
Danach Zwiebel, Knoblauch und Petersilie fein hacken und mit den Nudeln zur Suppe geben. Einmal aufkochen lassen, vom Feuer nehmen und die Suppe noch ca. 10 Minuten stehen lassen.
Zum Schluss mit fein gehacktem Rosmarin, geriebenem Parmesan und Olivenöl servieren.

Nudelauflauf mit Spargel und Tomaten

Zutaten:

300 g Penne
400 g grüner Spargel
400 g Eiertomaten
100 ml Sahne
100 g Sauerrahm
300 g Mozzarella
Vollmeersalz
Kräutersalz
1 Prise Cayennepfeffer

Zubereitung:

Penne in reichlich Salzwasser bissfest garen, abgießen, in kaltem Wasser abschrecken und gut abtropfen lassen.
Spargel putzen und in mundgerechte Stücke schneiden. Bissfest garen oder dämpfen und gut abtropfen lassen.
Tomaten in Stücke schneiden, mit den Spargeln und Nudeln vermischen, mit Salz und Cayennepfeffer würzen.
Eine gebutterte Auflaufform mit der Nudelmasse füllen.
Sahne und Sauerrahm mit in Würfel geschnittener Mozzarella vermengen, mit Kräutersalz würzen und gleichmäßig auf dem Auflauf verteilen.
Im vorgeheizten Backofen bei 180–200 °C ca. 10 Minuten backen.

Tipp:

Falls Spargelende holzig ist, ein Stück abschneiden und für Gemüsebrühe verwenden (s. S. 9).

Nudeln mit Petersilien-Pesto

Zutaten:

1 Knoblauchzehe
80 g Petersilie
Peperoncino (= Chili, frisch oder getrocknet)
400 g Spaghetti oder Farfalle
15 Kirschtomaten
15 getrocknete Tomaten
100 g schwarze Oliven halbieren
1 Bund Rauke
Olivenöl, ca. 150 g
Vollmeersalz

Zubereitung:

Für den Pesto: Knoblauch, Petersilie und Peperoncino fein schneiden.
Mit Olivenöl mixen. Bei Bedarf mehr Öl dazugeben. Etwas salzen.
Nudeln in reichlich kochendem Salzwasser bissfest garen.
Abseihen.
Kirschtomaten halbieren.
Die getrockneten Tomaten grob zerkleinern.
Alles mit Pesto und den Oliven unter die heißen Nudeln geben.
Zum Schluss die gewaschene und trockengeschüttelte Rauke zupfen und unterheben.
Sofort servieren.

Nudelsalat

Zutaten:

350 g Fusilli-Nudeln, Hörnchennudeln oder Penne
7 Cocktailtomaten
1 gelbe Paprika
1 – 2 Mozzarella
150 g grüne oder schwarze Oliven
70 g Bleichsellerie
Öl
2 Knoblauchzehen
Zitronensaft
1 Bund Rauke
5 – 6 Minzeblätter
Schnittlauchröllchen
Vollmeersalz

Zubereitung:

Die Nudeln in Salzwasser bissfest garen, abseihen und sofort mit etwas Öl vermengen damit sie nicht verkleben.
Tomaten vierteln, Paprika und Mozzarella würfelig, Oliven in Ringe, Sellerie in feine Streifen schneiden und zu den abgekühlten Nudeln geben.
Aus Öl, Knoblauch und Zitronensaft eine Marinade zubereiten und unter den Nudelsalat geben.
10 – 15 Min. ziehen lassen.
Rauke und Minzeblätter zum Schluss unterheben.
Mit Schnittlauchröllchen servieren.

Nudelsalat mit Oliven und Kapern

Zutaten:

350 g Conchilie (oder Hörnchen)
200 g rote Paprika
200 g grüne Oliven
150 g Kapern
Vollmeersalz
Zitronensaft
Olivenöl

Zubereitung:

Nudeln in reichlich Salzwasser bissfest garen, abseihen und mit etwas Olivenöl mischen, damit sie nicht verkleben.
Paprika in Würfel, Oliven in Scheiben schneiden und mit den Kapern zu den Nudeln geben.
Mit einer Marinade aus Salz, Zitronensaft und Olivenöl abschmecken.

Penne mit Oliven und Kapern

Zutaten:

½ Zwiebel
ca. 650 g Tomatensoße mit Stücken
15 grüne und 15 schwarze Oliven ohne Kern
5 EL Kapern
Peperoncino (= Chili frisch oder getrocknet)
Vollmeersalz
Olivenöl
50 ml Sahne
Petersilie
400 g Penne

Zubereitung:

Zwiebel in feine Ringe schneiden und in Öl kurz andünsten. Nicht braun werden lassen!
Tomatensoße dazugeben.
Oliven in Scheiben schneiden und mit den Kapern zur Soße geben.
Mit Peperoncino und Salz würzen.
Alles 10 Minuten köcheln.
Zum Schluss Sahne und gehackte Petersilie dazugeben und vom Feuer nehmen.
Nudeln in reichlich Salzwasser bissfest garen, abseihen und mit der Soße vermischen.
Auf Tellern anrichten und mit Olivenöl servieren

Tipp:

Öl beim Anbraten nicht zu stark erhitzen. Zwiebeln dürfen nicht braun werden!

Tomatensoße kann durch frische gewürfelte Tomaten ersetzt werden. Dann eventuell etwas Flüssigkeit zugeben. Nach Belieben würzen.

Pizza *(ergibt 2 Bleche)*

Zutaten für den Teig:

400 g Dinkel, 100 g Kamut
oder Einkorn fein mahlen
1 Hefewürfel
ca. 320 ml lauwarmes Wasser
5 EL Olivenöl
1 TL Vollmeersalz

Zutaten für den Belag:

2 Zucchini, fein hobeln
2 gelbe Paprika, fein schneiden
300 g Mozzarella
100 g Emmentaler
ca. 300 g Tomatensoße
Kräutersalz
Oregano
50 g Rauke, gezupft oder 100 g grüne oder schwarze Oliven, halbiert

Zubereitung Teig:

Mehl in eine Schüssel geben, in eine Mulde die Hefe hineinbröckeln und mit wenig Wasser auflösen, mit etwas Mehl verrühren, bis ein dickflüssiger Brei entsteht. 10 Minuten zugedeckt ruhen lassen.
Das restliche Wasser und das Salz dazugeben und alles durchkneten.
Teig mit Öl bepinseln, damit er nicht austrocknet.
Etwa ½ Stunde zugedeckt gehen lassen. Danach nochmals gründlich durchkneten. Auf einer bemehlten Arbeitsfläche dünn ausrollen und auf die mit Öl ausgepinselten Bleche legen.

Zubereitung Belag:

Die Tomatensoße mit Kräutersalz, Oregano und etwas Olivenöl würzen und auf dem Teig gleichmäßig verstreichen, sowie den klein gewürfelten Käse darüberstreuen.
Die eine Pizzahälfte mit Zucchini, die andere mit Paprika belegen.
Im vorgeheizten Backrohr bei 230 °C ca. 15 Minuten backen.
Aus dem Ofen nehmen, mit Oregano bestreuen.
Mit Rauke oder mit Oliven und mit Knoblauchöl servieren!

Knoblauchöl:

Knoblauch fein hacken oder pressen und mit Olivenöl mischen.

Weiters kann man noch anderes Gemüse als Belag verwenden: z. B. Champignons, Auberginen, gekochten Spargel und gekochten Spinat.

Polenta – einfache Art

Zutaten:

300 g Vollkornmaismehl (Polenta), mittelfein
1200 ml Gemüsebrühe
Knoblauch
Rosmarin
etwas Butter
Vollmeersalz

Zubereitung:

Gemüsebrühe mit etwas Salz zum Kochen bringen und die Polenta langsam mit einem Schneebesen einrühren. Einmal aufkochen, vom Feuer nehmen und zugedeckt ca. 40 Minuten bei geschlossenem Deckel quellen lassen.
Zum Schluss gepressten Knoblauch, feingehackten Rosmarin und die Butter unter die Polenta heben.

Dazu passt Peperonata, Gorgonzolakäse oder ein Pilzgericht.

Wer nicht genießt, wird ungenießbar.

*Konstantin Wecker (*1947),*
Liedermacher

Polenta mit Radicchio

Zutaten:

1 l Wasser
250 g Polenta (Vollkornmaismehl), mittelfein
150 g Radicchio
2 EL Olivenöl
7 EL gewürfelte Tomaten
1 Knoblauchzehe
Basilikumblätter
Vollmeersalz
200 g Gorgonzola

Zubereitung:

Das Wasser salzen und zum Kochen bringen, Polenta mit einem Schneebesen einrühren, einmal aufkochen, vom Feuer nehmen und ca. 40 Minuten bei geschlossenem Deckel quellen lassen.
Polenta auf ein geöltes Backblech aufstreichen, auskühlen lassen.
Radicchio putzen und in Streifen schneiden, in Olivenöl kurz (ca. 2 Minuten) anbraten. Er muss noch Biss haben!
Tomatenwürfel, fein geschnittenen Knoblauch und Basilikum sowie etwas Salz untermischen und kurz mitdünsten.
Gemüsemasse auf die Polenta geben.
Käse in Würfel schneiden und darauf verteilen.
Im vorgeheizten Backofen auf 200 °C 3–5 Minuten gratinieren (überbacken).

Polenta-Pizza

Zutaten:

2 Tassen Vollkornmaismehl (Polenta), mittelfein
8 Tassen Wasser
Olivenöl
1 kleine Zucchini
1 gelbe oder rote Paprika
100 g Champignons
200 g Tomatensoße (oder fein gemixte Tomaten)
250 g Mozzarella
100 g Emmentaler
Kräutersalz
Oregano

Zubereitung:

Polenta in kochendes Salzwasser mit dem Schneebesen einrühren, einmal aufkochen. Vom Feuer nehmen und 40 Minuten quellen lassen.
Die fertige Polentamasse auf ein mit Olivenöl bestrichenes Backblech streichen und auskühlen lassen.
Gemüse putzen und in Scheiben schneiden. Tomatensoße gut würzen. Polenta damit bestreichen und mit dem Gemüse belegen. Mozzarella und Emmentaler in Würfel schneiden und auf der Pizza verteilen. Mit Kräutersalz und Oregano bestreuen. Im vorgeheizten Backrohr bei 200–220 °C ca. 15 Minuten überbacken.

Tipp:

Die Menge der Tomaten hängt von der Sorte/Beschaffenheit ab. Sind sie sehr saftig, reichen 200 g. Sind sie fleischig, muss man mehr nehmen.

Pressknödel

Zutaten:

300 g Vollkornweizenbrot
ca. 200 ml Wasser
2 – 3 Eier
150 g Graukäse, Gorgonzola oder würziger Bergkäse
3 EL Weizenvollkornmehl
Olivenöl zum Braten
Vollmeersalz
Gemüsebrühe
1 Bund Schnittlauch in Röllchen schneiden

Zubereitung:

Vollkornbrot in kleine Würfel schneiden und mit dem Wasser 30 Minuten einweichen.
Die restlichen Zutaten zum Brot geben und unterkneten.
Nach Bedarf noch Wasser zufügen. Teig soll eher weich sein.
Den Teig 30 Minuten rasten lassen.
Knödel formen und etwas flachdrücken.
In wenig Öl auf beiden Seiten goldgelb anbraten.
Die Knödel in Gemüsebrühe ca. 5 Minuten ziehen lassen.
In Gemüsebrühe, zu Krautsalat oder zu weißem Rettich servieren.
Mit Schnittlauch bestreuen.

Radicchioreis

Zutaten:

2 Tassen Vollkornrundkornreis
3 Tassen Wasser zum Einweichen
1 kleine Zwiebel würfeln
Olivenöl
300 g Radicchio, in Streifen geschnitten
½ Glas Rotwein
ca. 6 Tassen heiße Gemüsebrühe ohne Salz oder heißes Wasser
Salz
Butter
Parmesan
1 Knoblauchzehe

Zubereitung:

Reis mit dem Wasser über Nacht einweichen, abseihen und abtropfen lassen.
Zwiebel in Öl kurz dünsten. Darf nicht braun werden!
Radicchio in Streifen schneiden und zur Zwiebel geben.
Reis ebenfalls dazugeben und mitdünsten, bis er glasig wird.
Mit Rotwein ablöschen und einkochen lassen.
Dann so viel heiße Gemüsebrühe aufgießen, dass der Reis bedeckt ist und unter ständigem Rühren einkochen lassen.
Diesen Vorgang wiederholen, bis der Reis gar ist (ca. 30 Minuten).
Den Reis salzen, vom Feuer nehmen, Butter, Parmesan und fein gehackten Knoblauch unterheben und sofort servieren. Reis muss cremig sein.

Reissalat mit Avocado

Zutaten:

200 g Langkorn-Vollkornreis
400 ml Wasser
2 rote Paprika
2 reife Avocados
100 g Rauke
1 – 2 Zitronen
3 Frühlingszwiebeln
Olivenöl
Vollmeersalz

Zubereitung:

Reis bissfest garen.
Frühlingszwiebeln putzen und in feine Ringe schneiden.
Paprika würfeln.
Avocado halbieren, Stein entfernen und schälen, in Würfel schneiden und mit etwas Zitronensaft beträufeln.
Rauke waschen trockenschütteln und nach Belieben zerkleinern.
Aus restlichem Zitronensaft, Olivenöl und Salz eine Marinade zubereiten.
Alles mit dem ausgekühlten Reis vermischen und etwas ziehen lassen.
Mit Rauke dekorieren.

Tipp:

Reis ungefähr 20 – 25 Minuten auf kleiner Flamme zugedeckt köcheln. Nicht umrühren!
Vom Feuer nehmen und 10 Minuten zugedeckt quellen lassen.
Anschließend auf einem Backblech ausbreiten, mit etwas Olivenöl vermischen, damit er nicht klumpt.
Auskühlen lassen.

Reissalat mit Champignons

Zutaten:

200 g Langkorn-Vollkornreis
400 ml Wasser
200 g Champignons
200 g Cocktailtomaten
200 g schwarze und grüne Oliven ohne Kern
200 g Mozzarellakugeln
1 Bund Schnittlauch
Vollmeersalz
Zitronensaft
Olivenöl

Zubereitung:

Reis mit Wasser zum Kochen bringen und ca. 20–25 Minuten auf kleiner Flamme zugedeckt köcheln. Nicht umrühren!
Vom Feuer nehmen und 10 Minuten zugedeckt quellen lassen.
Reis zum Auskühlen auf einem Backblech ausbreiten. Mit etwas Öl vermengen, damit er nicht klumpt.
Champignons halbieren, Tomaten vierteln, Oliven in Scheiben, Mozzarella in größere Würfel schneiden.
Alles unter den Reis heben.
Zum Schluss Schnittlauchröllchen, Salz, Zitronensaft und Olivenöl untermischen und etwas ziehen lassen.

Tipp:

Frische Champignons vierteln, in trockener Pfanne einige Minuten grillen, bis sie leicht braun sind.

Risotto mit getrockneten Tomaten und Staudensellerie

Zutaten:

2 Tassen Vollkornreis (Rundkornreis)
3 Tassen Wasser zum Einweichen
1 kleine Zwiebel
Olivenöl
2 kleine Stangen Bleichsellerie (ca. 100 g)
½ Glas Weißwein
ca. 6 Tassen ungesalzene, heiße Gemüsebrühe oder heißes Wasser
10 – 15 getrocknete Tomaten in Öl
1 Spur Vollmeersalz
1 EL Butter
Parmesankäse, gerieben

Zubereitung:

Reis mit dem Wasser über Nacht einweichen, abseihen und etwas abtropfen lassen.
Zwiebel fein hacken und in Öl kurz dünsten. Nicht braun werden lassen!
Staudensellerie in dünne Streifen schneiden und zur Zwiebel geben.
Reis ebenfalls dazugeben und mitdünsten, bis er glasig wird.
Mit Weißwein ablöschen und einkochen lassen.
Dann so viel heiße Gemüsebrühe aufgießen, dass der Reis bedeckt ist und unter ständigem Rühren Flüssigkeit einkochen lassen.
Diesen Vorgang wiederholen, bis der Reis gar ist (ca. 30 Minuten). Reis muss cremig sein. Nicht körnig!
10 Min. vor Garende, die in Streifen geschnittenen, getrockneten Tomaten unter den Reis rühren. Leicht salzen.
Den Reis vom Feuer nehmen, Butter und Parmesan unterrühren und sofort servieren.

Tipp:

Was braucht man für einen perfekten Risotto?

Einen guten (ungeschälten) Reis, Gemüsebrühe, einen größeren Topf oder eine Kasserolle, die fest auf dem Feuer steht, damit das ständige Rühren (ca. 30 Minuten) gut gelingt.
Der Erfolg ist gesichert, wenn die heiße Brühe nach und nach an den Reis gegossen wird.
Immer erst nachgießen, wenn die Flüssigkeit vom Reis aufgenommen wurde.
Und rühren, rühren, rühren!!!

Spaghetti mit eingelegten Tomaten

Zutaten:

400 g Vollkorn-Spaghetti
2 – 5 Knoblauchzehen
15 in Öl eingelegte Tomaten
8 EL Kapern
1 Bund Basilikum
80 g Parmesan
grob geschroteter Pfeffer
Vollmeersalz

Zubereitung:

Nudeln in reichlich Salzwasser bissfest garen, abgießen, abtropfen lassen.
Knoblauch und Tomaten fein hacken, in einer tiefen Pfanne mit Öl kurz andünsten.
Kapern und fein geschnittenen Basilikum sowie die Nudeln dazugeben.
Alles gut vermischen.
Wenige Minuten unter Schwenken in der Pfanne erhitzen.
Dazu frisch geriebenen Parmesan reichen und mit einem Lauf Olivenöl servieren.

Spinatnocken mit zerlassener Salbeibutter

Zutaten:

200 g gedünsteter Spinat (aus etwa 400 g Frischspinat herstellen)
50 g Zwiebel
1 Knoblauchzehe
2 EL Butter
2 Eier
1 EL Dinkelvollkornmehl
150 g Dinkelvollkornbrot in Würfel geschnitten
50 ml Sahne-Wasser (½ und ½)
1 MS Muskat
Vollmeersalz
Pfeffer
8 – 10 Salbeiblätter
Parmesankäse gerieben

Zubereitung:

Frischen Spinat bei geschlossenem Deckel einige Minuten dünsten.
Zwiebel und Knoblauch fein hacken und kurz in der Butter dünsten.
Spinat fein hacken, mit Salz, Pfeffer und Muskat zu Zwiebeln/Knoblauch geben und alles mit den Eiern pürieren.
Spinatmasse, Sahne-Wasser und Mehl zu dem gewürfelten Brot geben und gut durchmischen.
Zugedeckt ca. 20 Minuten stehen lassen.
Mit einem Löffel Nocken formen, in siedendes Salzwasser geben und ca. 10 Minuten langsam ziehen lassen.
Mit einer Schaumkelle herausnehmen.

Die Spinatnocken mit zerlassener Salbeibutter und geriebenem Parmesan kredenzen.

Tipp:

Salbeiblätter sehr fein schneiden, damit das Aroma herauskommt. In der zerlassenen Butter ganz kurz schwenken. Nicht bräunen!

Schlutzkrapfen

Zutaten Teig:

200 g Dinkel und 100 g Roggen sehr fein mahlen
1 Ei
100 – 120 g lauwarmes Wasser
2 EL Olivenöl
Vollmeersalz

Zutaten Füllung:

200 g gedünsteter Spinat (aus etwa 400 g Frischspinat herstellen)
70 g Zwiebel
1 kleine Knoblauchzehe
1 EL Butter
150 g Ricotta
2 EL Parmesan, gerieben
1 MS Muskat
Vollmeersalz
Pfeffer
Schnittlauchröllchen

Zubereitung Teig:

Mehl mit den restlichen Zutaten zu einem geschmeidigen Teig kneten.
30 Minuten zugedeckt rasten lassen.
Teig soll eher weich sein.

Zubereitung Füllung:

Fein gehackte Zwiebel und Knoblauch in der Butter dünsten, den gedämpften Spinat fein hacken, dazugeben und auskühlen lassen.
Ricotta und 2 EL Parmesan dazugeben.
Mit Muskatnuss, Salz und Pfeffer würzen.

Fertigstellung:

Teig auf einem Nudelbrett dünn ausrollen.
Mit einem glatten, runden Ausstecher von 7 cm Durchmesser Kreise ausstechen.
Spinatfüllung mit einem kleinen Löffel auf die Kreise geben.
Teigränder mit Wasser anfeuchten, halbmondfömig zusammenklappen und sofort mit den Fingern zusammendrücken.
Die Schlutzkrapfen in siedendem Salzwasser 1 – 2 Minuten ziehen lassen. Mit einer Schaumkelle herausnehmen.
Mit Parmesan bestreuen und mit geschmolzener Butter und Schnittlauchröllchen servieren.

Tipp:

Man kann sie auch mit Salbeibutter servieren. Dafür fein geschnittene Salbeiblätter in zerlaufener Butter schwenken.

Tagliatelle mit Raukepesto

Zutaten:

150 g Rauke
10 – 15 Basilikumblätter
2 Knoblauchzehen
1 Zitrone
150 g Pinienkerne
ca. 150 ml Olivenöl
400 g Tagliatelle oder Spaghetti
150 g kleine Strauchtomaten
Parmesan
Vollmeersalz

Zubereitung:

Rauke und Basilikumblätter waschen und trockenschütteln, mit Knoblauch, Zitronensaft, Pinienkernen, etwas Salz und Olivenöl fein mixen.
Nudeln in reichlich Salzwasser bissfest garen, abseihen.
Tomaten vierteln.
Pesto unter die heißen Nudeln mischen.
Mit geriebenem Parmesan sofort servieren.

Kartoffelgerichte

Italienischer Salat

Zutaten:

300 g Kartoffeln
200 g Karotten
100 g Erbsen (frisch oder tiefgefroren)
100 g Essiggurken
3 EL Kapern
200 g Sauerrahm
3 TL Senf
Vollmeersalz
weißer Pfeffer
2 EL Olivenöl

Zubereitung:

Kartoffeln in der Schale garen, auskühlen lassen und pellen.
Karotten waschen und im Stück dämpfen (je nach Größe 10 – 20 Minuten) und auskühlen lassen.
Erbsen kurz dämpfen, danach mit kaltem Wasser abschrecken.
Essiggurken, Kartoffeln und Karotten in kleine Würfel schneiden. Alles mit Kapern und Erbsen vermengen.
Sauerrahm, Senf, Salz, Pfeffer und Olivenöl verrühren und unter den Salat mischen.
Mindestens 1 Stunde ziehen lassen.

Passt gut zu Bratlingen oder als Teil eines Salatbuffets.

Morgens rund,
Mittags gestampft,
Abends in Scheiben,
Dabei soll's bleiben,
Es ist gesund.

Johann Wolfgang von Goethe

Kartoffel-Hafer-Knödel

Zutaten:

800 g Kartoffeln
50 g Zwiebel
50 g Lauch
3 EL Olivenöl
2 Eier
150 g Haferschrot
100 g Gorgonzola
Vollmeersalz
Schnittlauch
Parmesan, gerieben

Zubereitung:

Kartoffeln mit der Schale in Salzwasser garen, pellen, durch eine Kartoffelpresse drücken und auskühlen lassen.
Zwiebel und Lauch fein schneiden, in Öl kurz dünsten und zu den ausgepressten Kartoffeln geben.
Eier und Haferschrot beimengen.
Alles gut durchkneten, kleine Knödel formen und in die Mitte je eine kleine Portion Gorgonzola geben.
In siedendem Salzwasser 5–8 Minuten ziehen lassen.
Mit einer Schaumkelle herausnehmen, mit Schnittlauchröllchen, Parmesan und zerlassener Butter sofort servieren.

Kartoffelsalat mit Oliven und Rauke

Zutaten:

1 kg gekochte Kartoffeln
15 Stück getrocknete Tomaten
150 g entsteinte, schwarze Oliven
200 g Rauke
weißer Balsamicoessig
3 TL Senf
Kräutersalz
Pfeffer
Olivenöl
Schnittlauch

Zubereitung:

Kartoffeln mit Schale kochen, pellen und blättrig schneiden.
Tomaten in Streifen, Oliven in Ringe schneiden, alles zu den Kartoffeln geben.
Aus Essig Senf, Kräutersalz, Pfeffer und Öl eine Marinade bereiten und unter die Kartoffeln geben.
Schnittlauchröllchen dazugeben und etwas ziehen lassen.
Rauke waschen, trockenschütteln, etwas zerkleinern und ganz zum Schluss unterheben.
Sofort servieren.

Kartoffel-Zucchini-Auflauf

Zutaten:

1 kg Kartoffeln
600 g Zucchini
600 g Eiertomaten oder Pelati
150 ml Sahne
3 Eier
6 EL Öl
Vollmeersalz
Muskat, gerieben
100 g Parmesan, gerieben

Zubereitung:

Kartoffeln in wenig Salzwasser kochen oder dämpfen.
Auskühlen lassen, pellen und in Scheiben schneiden.
Zucchini der Länge nach in Scheiben schneiden und in einer trockenen Pfanne kurz grillen.
Tomaten in Scheiben schneiden. Einige Tomatenscheiben beiseite legen.
Zucchini, Kartoffeln und Tomaten schichtweise in eine gebutterte, feuerfeste Form geben.
Sahne und Eier verquirlen, würzen und über das Gemüse gießen.
Mit Käse bestreuen, mit Tomaten garnieren und im vorgeheizten Backrohr 15 Minuten bei 200 °C überbacken.

Mediterraner Kartoffelsalat

Zutaten:

500 g Kartoffeln
5 EL heiße Gemüsebrühe
Weinessig oder Obstessig
Olivenöl
Vollmeersalz
Pfeffer
Paprikapulver, edelsüß
1 Knoblauchzehe
10 Kirschtomaten
100 g gelbe Paprika
100 g rote Paprika
1 kleine Zwiebel, rot oder weiß
100 g schwarze, entsteinte Oliven

Zubereitung:

Die in der Schale gekochten Kartoffeln pellen und noch heiß in Scheiben schneiden. Die heiße Gemüsebrühe mit Essig, Salz, Pfeffer, etwas edelsüßem Paprikapulver, durchpresstem Knoblauch und Olivenöl verrühren und über die Kartoffeln gießen. Zudecken und auskühlen lassen.
Tomaten in Würfel, Paprika in Streifen, Zwiebel und Oliven in Ringe schneiden und unter den Kartoffelsalat heben.
Würzig abschmecken.

Schwarzer Rettich mit Kartoffeln

Zutaten:

500 g Kartoffeln
150 g schwarzer Rettich
5 EL Kapern
1 EL fein gehackte Zwiebel
Olivenöl
Obstessig
Kräutersalz
Petersilie

Zubereitung:

Die gekochten Kartoffeln pellen und in feine Würfel oder Scheiben schneiden.
Rettiche waschen, anschließend raspeln und mit den Kartoffeln mischen.
Ganze Kapern und fein gehackte Zwiebel zu den Kartoffeln geben.
Aus Olivenöl, Obstessig und Kräutersalz eine Marinade zubereiten und über die Kartoffeln geben.
Mit gehackter Petersilie bestreuen. Eine halbe Stunde ziehen lassen.

Gemüse

Gefüllte Auberginen

Zutaten:

4 kleinere Auberginen
120 g Vollkornbrösel
2 Knoblauchzehen
1 Bund Petersilie
Vollmeersalz
Olivenöl

Zubereitung:

Auberginen längs halbieren, an den Schnittflächen mehrmals kreuzweise ca. 1 cm tief einschneiden (sodass ein Karomuster entsteht), salzen. Mit der Schnittfläche auf einen Teller legen und beschwert 30 Minuten stehen lassen, damit die Flüssigkeit abfließen kann.
In der Zwischenzeit Vollkornbrösel mit fein gehacktem Knoblauch und Petersilie, Salz und so viel Olivenöl mischen, dass eine Paste entsteht.
Auberginen damit füllen, in eine geölte, feuerfeste Form setzen und bei 180 – 200 °C ca. 25 Minuten im Ofen überbacken.

Gefüllter Fenchel

Zutaten:

3 Fenchelknollen
300 g Tomaten
15 schwarze Oliven ohne Kern
1 TL frische Thymianblätter oder
½ TL getrocknete Thymianblätter
100 g Schafs- oder Ziegenfrischkäse
Kräutersalz

Zubereitung:

Fenchel putzen, Stengel einige Zentimeter über der Knolle abschneiden, Wurzelansatz herausschneiden. Dann die Blätter auseinanderteilen und längs halbieren. 10–15 Minuten bissfest dämpfen.
Tomaten in Würfel, Oliven in Ringe schneiden, Ziegenkäse zerbröseln, Thymian und Kräutersalz dazugeben.
Alles mischen. Die Fenchelblätter damit füllen.
In eine gebutterte, feuerfeste Form geben und im heißen Rohr bei 180–200 °C ca. 10 Min. überbacken.

Variation:

Anstelle von Käse kann man auch 50–100 g Vollkornbrotbrösel mit 3–5 EL Olivenöl und Kräutersalz mischen.

Kürbis-Lauch-Auflauf

Zutaten:

2 Zwiebeln
500 g Lauch
800 g Kürbis
60 g Kürbiskerne
150 g Bergkäse oder Emmentaler, gerieben
2 Eier
200 ml Sahne
3 EL Olivenöl
Vollmeersalz
Kräutersalz
1 Prise Muskat

Zubereitung:

Zwiebeln fein hacken und in Öl kurz andünsten.
Lauch in Ringe schneiden und dazugeben.
Kürbis in Würfel schneiden, zu Zwiebel und Lauch geben, würzen. Bissfest dünsten.
Die Hälfte der Kürbiskerne unter das Gemüse mischen.
Alles in eine gebutterte Auflaufform geben.
Käse mit Eiern und Sahne verquirlen, würzen und über den Auflauf gießen.
Mit den restlichen Kürbiskernen bestreuen und bei 180 – 200 °C etwa 10 Minuten überbacken.

Mediterrane Peperonata

Zutaten:

1 Zwiebel
1 gelbe Paprika
1 rote Paprika
1 Zucchini
1 kleine Aubergine
50 ml Weißwein
ca. 350 g Tomatensoße, passiert
Knoblauch oder Rosmarin
Peperoncino (= Chili frisch oder getrocknet)
Olivenöl

Zubereitung:

Zwiebel halbieren und in Ringe schneiden.
Paprika, Zucchini und Aubergine in ca. 2 bis 2,5 cm große Quadrate schneiden.
Zwiebel kurz in Öl andünsten. Paprika dazugeben und 4 Minuten dünsten lassen.
Das Ganze mit Weißwein löschen, verdampfen lassen.
Aubergine und Zucchini dazugeben, 3 Minuten mitdünsten.
Zuletzt die Tomatensoße unterrühren, salzen und mit Chili würzen.
Zudecken und ca. 10 Minuten leicht köcheln lassen.
Mit feingehacktem Knoblauch und Rosmarin würzen.

Beim Servieren einen Lauf Olivenöl über die Peperonata geben.

Passt zu Nudeln, Reis, Polenta und Bratkartoffeln.

Gefüllte Zucchini

Zutaten:

4 mittlere Zucchini
1 Eiertomate
80 g Vollkornbrotbrösel
1 Bund Petersilie
50 g Parmesankäse, gerieben
Vollmeersalz
Olivenöl

Zubereitung:

Die ganzen Zucchini etwa 5 – 10 Minuten in wenig Wasser dämpfen und auskühlen lassen.
Danach der Länge nach halbieren, das Fruchtfleisch mit einem Löffel herausnehmen und fein hacken.
Tomate in kleine Würfel schneiden und dazugeben.
Vollkornbrösel, fein gehackte Petersilie und Knoblauch, Parmesankäse, Salz und Olivenöl untermischen und alles zu einer Paste verrühren.
Zucchinihälften damit füllen.
In eine geölte, feuerfeste Form geben und bei 200 °C ca. 15 – 20 Minuten überbacken.

Soßen

… passen fast immer!

Champignonsoße

Zutaten:

250 g Champignons
Zitronensaft
1 kleine Zwiebel
1 EL Butter
etwas Wasser
1 EL Weizen fein mahlen
Kräutersalz
Sahne
Petersilie

Zubereitung:

Champignons putzen, fein hobeln und mit Zitronensaft beträufeln, damit sie nicht braun werden.
Zwiebel fein hacken und in der Butter kurz andünsten.
Champignons dazugeben und etwa 5 Min. mitdünsten.
Mit etwas Wasser aufgießen.
Zum Schluss das Mehl mit etwas kaltem Wasser anrühren, sodass ein dickflüssiger Brei entsteht und zur Soße geben.
Mit Kräutersalz würzen, mit einem Schuss Sahne und Petersilie verfeinern. Soße sollte sämig sein.

Passt zu Reis, Kartoffeln, Nudeln.

Kräutersoße 1

Zutaten:

250 g Sahne-Wasser (½ und ½)
20 – 25 g Vollkornreis sehr fein mahlen
Kräutersalz
1 Prise Muskat
2 EL frisch gehackte Kräuter (Rosmarin, Thymian, Schnittlauch, Petersilie, Bohnenkraut).
Bei getrockneten Kräutern nur 1 EL verwenden.

Zubereitung:

Das Reismehl in die kalte Flüssigkeit mit dem Schneebesen einrühren.
Unter ständigem Rühren zum Kochen bringen und einmal aufkochen lassen.
Mit Kräutersalz würzen.
Zum Schluss die fein gehackten Kräuter dazugeben.

Kräutersoße 2

Zutaten:

200 g Crème fraîche
200 g Sauerrahm
2 Knoblauchzehen
1 TL Senf
Schnittlauch
Dill
Petersilie
Rosmarin
Thymian

Zubereitung:

Crème fraîche und Sauerrahm gut verrühren und mit den restlichen Zutaten mischen.
Soße wird kalt serviert.

Backen macht Spaß!

Gewürzbrötchen

Zutaten:

700 g Dinkel- oder Weizen und
300 g Roggen fein mahlen
1 – 2 Hefewürfel
ca. 800 ml lauwarmes Wasser
1 EL Kümmel, ganz
1 EL Fenchel, ganz
½ TL Brotklee
½ TL Anis, ganz
1 schwacher EL Vollmeersalz

Zubereitung:

Mehl in eine Schüssel geben. In eine Mulde die Hefe hineinbröckeln und mit wenig Wasser auflösen, mit etwas Mehl verrühren. 10 Minuten zugedeckt gehen lassen.
Alle restlichen Zutaten und das Wasser dazugeben und ca. 10 Minuten gut durchkneten.
Ca. 1 Stunde bei Zimmertemperatur stehen lassen. Die Schüssel mit einem Tuch oder einer Folie gut abdecken.
Mit einem Esslöffel kleine Portionen abnehmen und auf das bemehlte Blech setzen.
Ca. 10 Minuten gehen lassen.
Im vorgeheizten Ofen bei 210 °C ca. 25 Minuten backen.

Kürbiskernbaguette (Ergibt 4 Stück)

Zutaten:

500 g Weizen fein mahlen
1 Würfel Hefe
350 – 400 g lauwarmes Wasser
50 g Kürbiskerne
2 EL Kürbiskernöl
½ TL Koriander zerstoßen
1 TL Vollmeersalz

Zubereitung:

Hefe in lauwarmem Wasser auflösen.
Mit allen restlichen Zutaten zu einem geschmeidigen Teig kneten und ca. 30 Minuten zugedeckt bei Zimmertemperatur gehen lassen.
Den gegangenen Teig nochmals durchkneten, vier Baguettes formen und mit einem Messer schräg einschneiden.
Baguettes auf einem mit Mehl bestreuten Backblech 15 – 20 Minuten gehen lassen.
Dann bei 200 °C im vorgeheizten Ofen ca. 20 Minuten backen.

Rosmarin-Oliven-Fladen

Zutaten:

500 g Weizen fein mahlen
1 Würfel Hefe
350 ml lauwarmes Wasser
3 EL frische oder getrocknete Rosmarinnadeln
1 TL Kräutersalz
100 g Olivenöl
ca. 25 schwarze, entsteinte Oliven

Zubereitung:

Hefe in Wasser auflösen. Mit 2 EL Rosmarin (etwas zerhacken), Kräutersalz und 80 g Olivenöl zum Mehl geben und zu einem geschmeidigen, leichten Teig kneten.
Ca. 1 Stunde zugedeckt bei Zimmertemperatur ruhen lassen.
Den Teig in 6–8 Kugeln teilen und jeweils einen Fladen formen, ca. 1 cm dick auswalken.
Die Fladen auf ein gefettetes Backblech geben, mit dem restlichen Olivenöl bestreichen, dem restlichen Rosmarin bestreuen und mit halbierten Oliven belegen (beides leicht festdrücken).
Nochmals ca. 15–20 Minuten gehen lassen.
Im vorgeheizten Backofen bei 210–220 °C ca. 15–20 Minuten backen.

Passt gut zu Frischkost sowie zu italienischem Salat.

Trentiner Zelten

Zutaten:

300 g Feigen
100 g Sultaninen
100 g Datteln
Saft von 2 Orangen + 2 Zitronen
50 g Orangeat und 50 g Zitronat, selbst hergestellt
1 Prise Zimt
1 MS Nelkenpulver
etwas Vanillegewürz
100 g Mandeln
100 g Haselnüsse
100 g Walnüsse
100 g Pinienkerne
100 g Butter
100 g Honig
3 Eier
250 ml Sahne-Wasser (½ und ½)
300 g Dinkelmehl, fein mahlen
1 Backpulver

Zubereitung:

Die Früchte klein schneiden, mit Orangen- und Zitronensaft übergießen, Orangeat und Zitronat mit den Gewürzen sowie gehackten Nüssen und Pinienkernen dazugeben und über Nacht zugedeckt stehen lassen.
Die zimmerwarme Butter cremig rühren, den Honig und die Eier dazugeben und ebenfalls cremig rühren, sowie das Sahne-Wasser-Gemisch. Einmal gut durchrühren.
Mehl mit Backpulver mischen, zuletzt die marinierten Früchte einarbeiten.
Ein Backblech mit hohem Rand mit Butterpapier auslegen, die Masse hineinstreichen und im vorgeheizten Backofen ca. 35–40 Min. bei 175 °C backen.

Tipp:

Orangeat und Zitronat selbst gemacht.

Unbehandelte Früchte (Zitronen oder Orangen) waschen, mit einer Raffel die Schale abreiben, aber nicht die weiße Haut unter der Schale.
Die abgeriebene Orangen- oder Zitronenschale in einem Schraubglas mit reichlich Honig vermengen, gut umrühren. Die jeweilige Masse muss von Honig bedeckt sein.

Zelten

Zutaten:

300 g Korinthen
400 g Sultaninen
100 g Aprikosen
400 g Feigen
150 g Datteln
125 g Mandeln
125 g Haselnüsse
125 g Walnüsse
100 g Pignoli (Pinienkerne)
Saft und Schale von 2 unbehandelten Orangen
½ EL Zimt
¼ TL Nelkenpulver
½ TL Vanille
⅛ l Apfelsaft
⅛ l Weißwein oder Rum

Zutaten für den Teig:

500 g Weizen fein mahlen
2 Stück Sternanis
25 g Hefe
250 g Wasser
½ TL Vollmeersalz
Honig zum Besteichen

Zubereitung:

Alle Trockenfrüchte in Würfel schneiden. Nüsse nur halbieren. Pinienkerne ganz lassen.
Orangenschale, Orangensaft, sowie die Gewürze, Apfelsaft, Weißwein oder Rum dazugeben.
Alles gut mischen und über Nacht in einer Schüssel mit Deckel stehen lassen.

Zubereitung des Brotteigs:

Weizen mit Sternanis fein mahlen.
Hefe in Wasser auflösen und mit dem Salz zum Mehl geben, zu einem Teig kneten und ca. ½ Stunde zugedeckt gehen lassen.
Nun den Teig zu den marinierten Zutaten geben und mit den Händen gut durchkneten.
Runde oder längliche Zelten formen (15 cm Durchmesser, 2,5 – 3 cm dick) und mit geschälten Mandeln verzieren.
Auf ein mit Mehl bestreutes Backblech legen und noch 20 Min. gehen lassen.
Im vorgeheizten Backofen bei 160 °C ca. 35 – 40 Min. unter mehrmaligem Bestreichen mit Honigwasser schön braun backen.

Zu diesem Buch

Die Autorinnen

Gertrud Gummerer, geboren1950 in Kurtatsch (Südtirol), ist eine überzeugte Vollwertköstlerin nach den Richtlinien des Arztes Dr. Max Otto Bruker. Seit 1988 ist sie Vorstandsmitglied der Südtiroler *Gesellschaft für Gesundheitsförderung (SGGF),* seit 1996 ärztlich geprüfte Gesundheitsberaterin der Gesellschaft für Gesundheitsberatung GGB in Lahnstein. Ihre Kochkurse und Vollwert-Buffets sind bei zahlreichen Südtiroler Veranstaltungen sehr gefragt.

Sie entwickelte eine Vielzahl vorzüglicher und origineller Rezepte, die die genießerische Vielfalt Österreichs und Italiens aufs Feinste spiegeln.

Wilma Taibon, geboren 1964 in Außerpflersch (Südtirol), ist verheiratet und Mutter von zwei Kindern. Sie arbeitet als Krankenpflegerin und absolvierte 2005 die Ausbildung in Reflexzonentherapie am Fuß nach Hanne Marquardt. Seit 1996 in der *SGGF* und seit 2003 im Vorstand tätig.

Vor 15 Jahren lernte sie die Bücher von Dr. M. O. Bruker kennen und stellte daraufhin ihre Ernährung um. Sie ist begeisterte Vollwertköchin, nicht nur zu Hause, sondern auch bei verschiedenen Veranstaltungen. Über Vorträge lernte sie Gertrud Gummerer kennen, mit der sie seit nunmehr 10 Jahren an den Tagungen der GGB in Lahnstein teilnimmt.

Der Fotograf

Stephan Geiger, geboren 1966 in Köln, arbeitet seit 18 Jahren als freier Fotograf mit Schwerpunkt Werbefotografie für viele renommierte Kunden.
Seine Arbeiten wurden in zahlreichen Magazinen, Büchern und Ausstellungen veröffentlicht.
Für unseren Verlag ist er seit 1996 (Das große Dr. Bruker Ernährungsbuch) tätig.
Kontakt: www.stephan-geiger.de

Die Autorinnen danken Ilse Gutjahr-Jung, Martin Gutjahr-Jung und dem emu-Verlag ganz herzlich und innig für das Gelingen dieses Buches.

Der emu-Verlag dankt den Autorinnen für die angenehme Zusammenarbeit – und für die wundervollen Kostproben der abgebildeten Gerichte: Unmittelbar nach dem Fotografieren durften die leckeren Speisen von den Mitarbeiterinnen und Mitarbeitern des Dr.-Max-Otto-Bruker-Hauses vernascht werden!

Keine der in diesem Buch abgebildeten Speisen ist mit Kunstharz besprüht, eingefärbt, synthetisch nachgebildet oder anderweitig behandelt worden. Alle Gerichte wurden frisch zubereitet und fotografiert.

Ein Verlag, ein Haus, eine Philosophie.

Millionen Bundesbürger kannten den kämpferischen Ganzheitsarzt Dr. Max Otto Bruker (1909–2001) aus dem Fernsehen, aus Vorträgen, durch den »Mundfunk« überzeugter Patienten. Vor allem lesen sie aber die rund 30 Bücher des schwäbischen Humanisten und Seelenarztes. Mit einer Gesamtauflage von über drei Millionen Exemplaren ist Max Otto Bruker der wohl bedeutendste medizinische Erfolgsautor im deutschsprachigen Raum. Der – in der Nachfolge des Schweizer Reformarztes Bircher-Benner scherzhaft »Deutschlands Vollwertpapst« genannte – Massenaufklärer, langjährige Klinikchef und Ernährungsspezialist lehrt zwei fundamentale Erkenntnisse Patienten wie Gesunden: Der Mensch wird krank, weil er sich falsch ernährt. Der Mensch wird krank, weil er falsch lebt.

Hinter den Erfolgstiteln des emu-Verlages steht ein bedeutender Forscher und Arzt, eine Bewegung, ein Haus und tausende Schülerinnen und Schüler. 1994 wurde das »Dr.-Max-Otto-Bruker-Haus«, das Zentrum für Gesundheit und ganzheitliche Lebensweise, auf der Lahnhöhe in Lahnstein bei Koblenz bezogen. Es stellt die äußere Krönung des Brukerschen Lebenswerkes dar: Der lichte Bau mit seinem Grasdach, den Sonnenkollektoren und den Wasserrecyclinganlagen, seinen Seminarräumen, dem Foyer mit der Glaskuppel und dem liebevollen Biogarten ist als Treffpunkt für all jene konzipiert, denen körperliche und seelische Gesundheit, ökologische und spirituelle Harmonie Herzensbedürfnis und Sehnsucht sind.

Hinter dem eleganten Halbmondkorpus mit dem markanten Grasdach verbirgt sich eine Begegnungsstätte für Gesundheitsbewusste, Seminarteilnehmer, Trost-, Ruhe- und Anregungsbedürftige.

Das Dr.-Max-Otto-Bruker-Haus

Feste Termine:

Jeden Montag, 18.30 Uhr: Vortrag Ilse Gutjahr-Jung (Theorie und Praxis der vitalstoffreichen Vollwertkost)
Jeden Dienstag, 18.30 Uhr: Vortrag Dr. phil. Mathias Jung (Lebenshilfe und Philosophie)
Jeden Mittwoch, 10.30 Uhr: Fragestunde mit Dr. Birmanns (Ärztlicher Rat aus ganzheitlicher Sicht)

Ausbildung Gesundheitsberater/in GGB
Lebensberatung/Frauen-, Männer- und Paargruppen

Die vitalstoffreiche Vollwertkost hat ihre Verbreitung, auch im klinischen Bereich, durch die unermüdliche Information und praktische Durchführung von Dr. M. O. Bruker gefunden. Um die Erkenntnisse gesunder Lebensführung und die durch falsche Ernährung provozierte Krankheitslawine ins öffentliche Bewusstsein zu rücken, bildet die von ihm 1978 gegründete »Gesellschaft für Gesundheitsberatung GGB e. V.« Gesundheitsberaterinnen und Gesundheitsberater GGB aus. Über 4000 Frauen und Männer haben bislang die berufsbegleitende Ausbildung bestanden und wirken in Volkshochschulen, Bioläden, Lehrküchen, Krankenhäusern, ärztlichen Praxen, Krankenversicherungen und ähnlichen Bereichen.

Auf der Lahnhöhe erhalten sie durch das GGB-Expertenteam nicht nur eine sorgfältige Grundlagenausbildung über die vitalstoffreiche Vollwerternährung und den Krankmacher der »entnatürlichten« (denaturierten) Zivilisationsernährung (raffinierter Fabrikzucker, Auszugsmehle, fabrikatorische Öle und Fette, tierisches Eiweiß usw.), sondern gewinnen auch Einblick in die leibseelischen Zusammenhänge der Krankheiten.

Anfragen zur Gesundheitsberater-Ausbildung wie zu den Selbsterfahrungsgruppen, Lebensberatung, Paartherapie und Psychotherapie bei Dr. Mathias Jung und weiteren Tages- und Wochenendseminaren sowie Einzelberatung sind zu richten an die
Gesellschaft für Gesundheitsberatung GGB e.V.,
Dr.-Max-Otto-Bruker-Str. 3,
56112 Lahnstein
(Tel.: 0 26 21/ 91 70 10, 91 70 17, 91 70 18, Fax: 0 26 21/91 70 33).
E-Mail: seminare@ggb-lahnstein.de)
Internet: www.ggb-lahnstein.de

Fordern Sie ebenfalls ein kostenloses Probe-Exemplar der Zeitschrift »Der Gesundheitsberater« an.

… weitere Vollwert-Kochbücher aus dem emu-Verlag:

Waltraud Becker: Lust ohne Reue –
200 Rezepte ohne tierisches Eiweiß
192 S., gebunden,
ISBN 978-3-89189-068-4

Vollwertkost ohne tierisches Eiweiß bedeutet zukunftsweisende Esskultur aus gesundheitlichen und ökologischen Aspekten. So genannte Allergien und Neurodermitis, Ekzeme, Heuschnupfen, ständige Infektanfälligkeit und Rheuma sind durch Ernährung zu bessern. Das Rezeptangebot reicht von deftiger Hausmannskost bis zu Festtagsgerichten.

Waltraud Becker: Korngesund – Das Getreide-Handbuch
128 S., Broschur mit Klappen,
ISBN 978-3-89189-105-6

Umfangreiche Informationen zu allen gängigen Getreidesorten – und etlichen, die mittlerweile in Vergessenheit geraten sind. In den Industrienationen haben zwei Menschengenerationen gereicht, um das Jahrtausende alte Wissen um Getreide zu verlieren. Dieses Buch will helfen, das verloren gegangene Wissen neu zu vermitteln. Zahlreiche Abbildungen und Beschreibungen, Geschichten und vieles mehr.
Ein Standardwerk!

Ilse Gutjahr und Erika Richter:
Streicheleinheiten – Von der Kunst, schmackhafte Brotaufstriche zu zaubern
128 S., gebunden, ISBN 978-3-89189-063-9

Schluss mit dem langweiligen Einerlei von Käse, Wurst & Marmelade! Selbst gemachte leckere Aufstriche sind wahre Streicheleinheiten fürs Gemüt – und Sie können sicher sein, was drin ist!
Ilse Gutjahr und Erika Richter präsentieren aus der Lehrküche des Dr.-Max-Otto-Bruker-Hauses mit Pfiff und einem Schuss Humor leicht herstellbare und äußerst schmackhafte Erfolgsrezepte. Brot- und Brötchen, Kniffs, Tricks und Tipps aus der Expertenküche ... ein Geschenk für verwöhnte Gaumen.

Ilse Gutjahr und Erika Richter:
Mehr Streicheleinheiten – Von Austernpilzbutter bis Zwiebelschmalz – Fantastische Brotaufstriche für jede Gelegenheit
144 S., gebunden, ISBN 978-3-89189-170-4

Das erste Buch »Streicheleinheiten« erschien bereits 1995 und hat längst zweistellige Auflagen erreicht – ein kleiner Klassiker unter den besonderen Kochbüchern. Nun haben die beiden erfahrenen Gesundheitsberaterinnen der GGB nachgelegt: Neue Aufstriche, fantasievoll, pikant oder süß, ergänzt durch vielfältige Küchen- und Gesundheitstipps – dieses Buch hat das Zeug, ebenfalls ein echter Bestseller zu werden. Lassen Sie sich verführen von der Kunst, leckere Brotaufstriche zu zaubern!

Ilse Gutjahr und Erika Richter: Brot backen – Vollkornbrote und Aufstriche aus der eigenen Küche
114 S., Broschur mit Klappen, ISBN 978-3-89189-113-1

Brot backen macht Spaß! Die Handhabung von Natursauerteig und Hefeteig ist im Grunde kinderleicht. Mit den richtigen Zutaten und bei der richtigen Temperatur kümmert sich der Teig um sich selbst – Sie müssen ihm dann nur noch etwas einheizen! Und wenn Sie am Ende das selbst hergestellte Brot genießen, wissen Sie sogar, was drin ist.
Der Genuss von frischem Brot oder Brötchen wird aber erst perfekt durch einen köstlichen Aufstrich: Am Ende dieses Buches finden Sie in 16 Rezepten leckere und gesunde Alternativen zum üblichen Einheits-Brotbelag.

Doris Böge und Kirsten Christoff: Fantastisch frisch – Vielseitige Frischkost für Feinschmecker – Salate, Desserts, Snacks, Suppen, Dips & Soßen
94 S., Broschur mit Klappen, ISBN 978-3-89189-134-6

Was ist Frischkost? Ganz sicher nicht: nur ein langweiliges Einerlei aus Blattsalat, Tomate, Gurke. Und ganz sicher mehr als eine kleine Beilage zum Hauptgericht.
Frischkost ist: Natur pur mit lebensnotwendigen Vitalstoffen. Keine Tablette, kein Pulver und kein »Nahrungsergänzungsmittel« kann die Vielfalt ersetzen, die in einer fantasievoll zubereiteten Frischkost steckt.
Fehlen Ihnen bisher die Ideen und Anregungen für Ihre tägliche Portion Gesundheit?
Hier sind sie – aus den Händen von zwei experimentierfreudigen GGB-Gesundheitsberaterinnen!